KUWEI
酷威文化
图书 影视

杨绛传

李雪 著

江苏凤凰文艺出版社
JIANGSU PHOENIX LITERATURE AND ART PUBLISHING

目 录

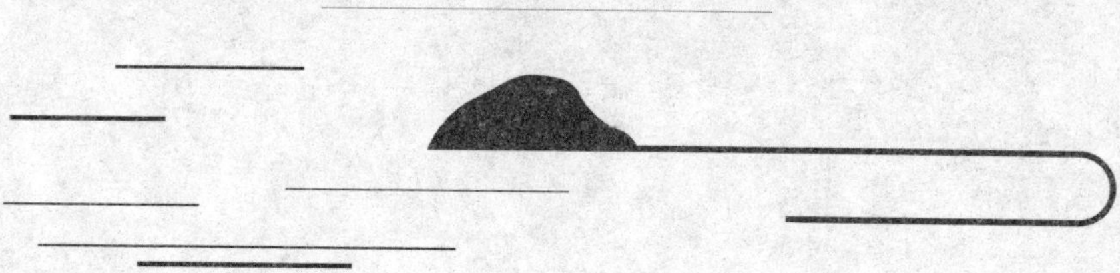

第一章

春水初生

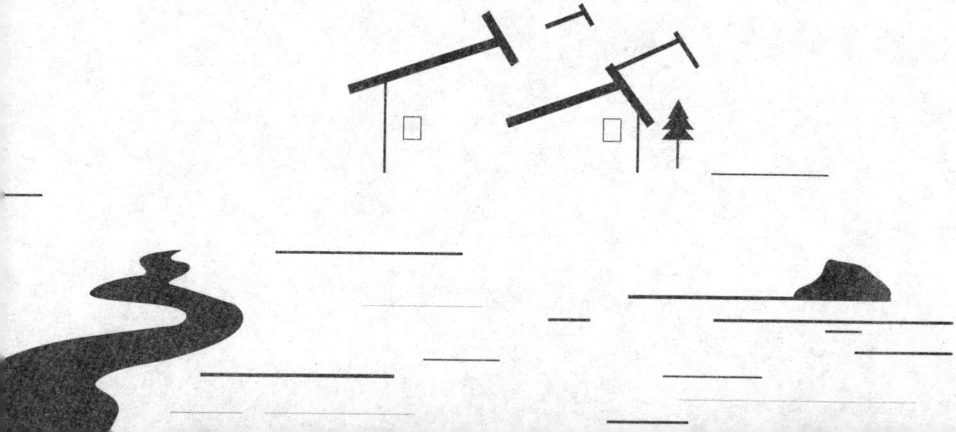

北京往事

一

1911年7月17的北京，阳光和着树叶摇曳，蝉虫窥视着人们的希望。在杨家大院里，杨荫杭正踱着步子，不时张望妻子生产的屋子，他在等待他的第四个孩子的出生。此时他已有了三个女儿寿康、同康和闰康，不知道这第四个孩子是男孩还是女孩？长什么样？

经过漫长的等待，随着一声响亮的啼哭声，他终于迫不及待地来到产房门口。产婆抱过来一个襁褓，一个粉嫩的女婴出现在杨荫杭眼前。1911年的中国，男尊女卑的思想还笼罩在人们头上，每个家庭都想生个儿子。杨荫杭却很开明，对女儿也分外宠爱。他捧着这个小小的人儿，欢喜不已，给她取名杨季康。后来，这个女孩被叫作杨绛。

杨荫杭是开明且威严的父亲。他是中国近代颇有名望的进步学者，无锡人，祖辈在杭州做官。诗书传家，他得以早早接受教育，考入北洋大学堂。青年时代的杨荫杭，可以看作充满革命精神与斗争精神的年轻人的代表。在北洋大学堂上学时，有部分学生为了伙食闹风潮。掌权的“洋人”出来镇压，说闹风潮的一律开除。一个带头闹事的广东人就被开除了。杨荫杭并没有参与风潮，但看其他人缩头缩脑的样子，很是恼火，挺身而出道：“还有我！”于是他也被开除了。好在他被北洋大学堂开除后，转而就考上了南洋公学，那年他十九岁。很久以后，在提到北洋大学堂时，杨荫杭还会嬉皮笑脸叉腰道：“我是老北洋。”对于被开除这件事，杨荫杭倒是豁达。

但对于学业，他未曾有过稍微放松。在南洋公学就读时，因为成绩优异，杨荫杭被派到日本早稻田大学读书，并与在日留学生一道创办了《译书汇编》，译载如《民约论》《自由原论》等欧美政法名著。这是留学生自办的第一个杂志。此时的杨荫杭受西方民主自由思想影响，希望通过革命改变中国。有次杨荫杭暑假回乡，在中学公开鼓吹革命，还拒绝对祠堂里的祖先磕头，被同乡愤然骂道："此人该枪毙。"很快，他因"革命邪说"被清廷通缉，于是家人筹了笔款子让他再度出国。他来到美国宾夕法尼亚大学攻读法学。1910 年学成回国后，他除在北京一所法政学校授课外，还兼任了肃亲王善耆的法律教师。

同那个时代大多数人一样，杨荫杭很早便在父母安排下订婚了，娶了唐家的女儿。幸运的是，他的夫人唐须婺与他相互欣赏，可谓佳偶天成。唐须婺同样出生于无锡，曾在著名的上海务本女中读书，沉静内敛，温婉稳重；婚后专注于相夫教子，一生共养育了八个子女。在杨荫杭留学归国前，她一人照料三个女儿的生活，从未有抱怨之语，将大小家庭都打理得很好。杨绛回忆："母亲每晚都要记账，有时记不起明细，会苦恼，父亲就夺过账本，一笔写上'糊涂账'，免她劳神。但据父亲说，母亲虽记不得小账，每月按时寄回无锡老家的家用，一辈子从未错过一天。"

我们经常从鲁迅、张爱玲等优秀作家的回忆录里，发现他们的母亲热爱阅读的痕迹。大概作家文学素质的养成，非常仰赖他们的母亲做出的榜样。唐须婺是否有文学上的天赋，旁人无从知晓，但从杨绛后来的描述中，可以看得出她是一位颇具文字敏感度及见识的女性。她喜欢辞章小说，做针线的藤筐里常常摆着《缀白裘》一类剧本和一些旧体小说。有次她读绿漪作的《绿天》，便说："这人也学着苏梅的调儿。”杨绛觉得很佩服，因为绿漪正是苏梅的一个化名。唐须嫈常常和杨绛交流一些对作家的看法，杨绛对她的观点非常认同。

杨氏夫妻甚是和睦。后来有人称赞杨绛待钱锺书好，杨绛却说，她们姐妹几个对待丈夫都很好，但没有母亲待父亲好。杨氏夫妻有很多话可以谈。在《回忆我的父亲》中，杨绛写道：“他们谈的话真多，过去的，当前的，有关自己的，有关亲戚朋友的，可笑的，可恨的，可气的……他们有时嘲笑，有时感慨，有时自我检讨，有时总结经验。两人一生中长河一般的对话，听起来好像阅读拉布吕耶尔的《人性与世态》。”有时杨荫杭会对妻子说“我今天放了一个‘屁’”或“一个大臭屁”或“恶毒毒的大臭屁”，唐须嫈就会等上一两天，从《申报》或者《时报》上剪下这个“屁”——大多是时评。她把剪下来的“屁”粘贴成长条，卷成一大卷，放进杨荫杭的红木大笔筒里。

辛亥革命爆发后，杨荫杭决定南下加入革命一派，杨家便在季康出生一百多天后从北京移居上海。有趣的是，清廷王室成员肃亲王善耆向来看重杨荫杭，听闻杨荫杭南下，专程去送他，对他说：“祝你们成功。”向来开明求变革的亲王说这番话时的情绪，实在是很耐人寻味的。

杨荫杭是难得的法律人才，被政府委以江苏省高等审判厅厅长兼司法筹备处处长的重任。他有傲骨，刚正不阿。有个有权势的军阀到上海，当地绅士联名登报表达欢迎之意，未经杨荫杭同意便将他的名字写了上去。杨荫杭知晓后，特意登报声称自己对该人并不欢迎。这一举动被人们嘲笑不识时务。他不以为意，称“名与器不可以假人”。

后来因官员不得在本省任职的规定，杨荫杭调任浙江省高等审判厅厅长，驻杭州。在任期间，有个被省长和督军庇护的恶霸，杀人抢掠无恶不作，被告后意图贿赂杨荫杭逃避刑罚。虽在省长和督军管辖之下，杨荫杭仍然秉着“省长和督军不得干预司法”的司法独立精神，坚持“杀人偿命，不能宽宥”，于是被省长屈映光告状至总统袁世凯处。幸而袁世凯秘书张一麐是杨荫杭故友，经张一麐力保，袁世凯批了“此是好人”四个大字，在 1915 年把杨荫杭调至北京了事。

二

杨绛四岁时，与父母亲一同回京。起先他们租住在一户满族人家。女房主梳旗头，着旗袍，穿花盆底鞋。花盆底的鞋子与上海女子的高跟鞋大不相同，高底在中。女子穿上这种鞋，身高陡增，走起路来摇摇晃晃，有杨柳之姿。杨荫杭问四女儿长大后要不要穿这种鞋，她很认真地考虑之后，答道：“要！”

杨绛天生柔美剔透，个子不算高，在杨家八个子女中，最得父亲喜欢。杨荫杭喜爱猫，曾以“猫以矮脚短身者为良”表达对四女的偏爱。原因他人无从知晓，或因她从小聪慧伶俐，或因她出生于父亲归国踌躇满志之时。此时大姐、二姐在上海读书，三姐留在无锡，杨绛便成了父母身边唯一的孩子。杨荫杭是颇有些严厉的人，在女儿面前，却总保持克制与柔和。他有在书房午睡的习惯，喜欢安静不被打扰。有次偶然醒来，杨荫杭发现杨绛像小猫似的坐在他的身旁，连添炭火都轻手轻脚，不发出一丝声音。于是他充满爱怜地道：“我也喜欢有人陪的，只是不要出声。”之后他允她陪在身边。

垂髫之年，杨绛入辟才胡同女师大附属小学就读，她的童年记忆也从这里开始。女师附小旁边便是北京女子高等师范学校，杨绛的三姑母杨荫榆在此任监事。杨荫榆是近代中国首位高校女校长，推崇欧美教育理念。她因专制粗暴，反对进步学生参加政治活动，还曾被鲁迅先生在《记念刘和珍君》等文章中点名批评。她曾非常疼爱杨绛，但因她后来脾性古怪等原因，杨绛最终不再跟姑母亲近。在《回忆我的姑母》中，杨绛提到，女高师的学生会带她到大学部玩耍，陪她打秋千，让她在学校的恳亲会上演戏，让她扮花神，甚至在学校的运动会上，也有学生拉着她一起跳绳。“我现在回想，演戏借我做‘花神’，运动会叫我和大学生一同表演，等等，准是看三姑母的面子。那时候她在校内有威信，学生也喜欢她。我决不信小学生里只我一个配做‘花神’，只我一个灵活，会钻在大学生身边围绕着跳绳。”

在北京，杨绛享受了平和欢乐的童年，而当时的父亲却正在经历事业上巨大的颠簸。1917 年 5 月，在调查津浦铁路管理局租车购车舞弊案时，因怀疑交通总长许世英贪污，杨荫杭传讯了对方。杨荫杭不过是检察长，总长却是等同于当下部长的职位。此事引起震动，杨荫杭被停职审查。期盼司法公正无望的杨荫杭由此对北洋政府的政治环境感到失望，几乎就在同时，上海传来二女儿同康染伤寒住院的消息。如今看来微不足道的伤寒，在那个时候足以取人性命。唐须嫈只身南下，奔波千里，辗转于舟车之间，赶到女儿病床前。女儿只是拉着她的手绝望地哭，哭得唐须嫈肝肠寸断。不久之后，二女儿便去世了。

政治失意及失去女儿的痛，让杨荫杭彻底舍弃了留京任职的意愿。1919 年，他辞去了北京的职务。杨荫杭辞职后，家人随他南下。杨绛的北京记忆随之暂时终结。

仓促的南下，在杨绛看来是那样的不合情理。匆忙收拾行李赶车的过程中，她没有时间好好整理落在四处的小玩意儿，也没有时间再看看北京，再与好朋友聚一聚、叙叙话；她也没有时间回到学校去，与同学们正式道个别。在后来提及此事时，杨绛总觉得“怅然”。离家路上，她碰到了一个同学。尽管平时与这个同学关系并不要好，她还是想让那个同学帮忙捎句话回去，告诉同学们她走了。

杨绛刚尝到离别苦涩的内心，很快就被另一种情绪填满了。杨荫杭刚正不阿有原则，在北京受人尊敬，他的离开也令许多人不舍。他们争相去火车站送杨荫杭归乡。在《回忆我的父亲》中，她提到：“火车站上为我父亲送行的有一大堆人——不是一堆，是一大片人。谁也没有那么多人送行，我觉得自己的父亲与众不同，很有自豪感。”目睹此景的杨绛，已然对什么是尊敬、什么是人心所向有了最直观的认识。杨荫杭的骨气，也在杨绛心里播下了种子。

三

一家人乘车到天津，又从天津乘船南下。后来几十年过去，杨绛仍然记得他们乘的那艘船叫新铭号。对需要照顾几个孩子的杨氏夫妇来讲，整艘船又脏又挤又乱，杨荫杭甚至抱着三岁的老七被挤进海里，好在最终获救。然而对八岁的杨绛来说，南下途中任何所见之景都是那么新鲜有趣，父亲“夹带”上船的黄白色狮子猫，也给旅途增添了生趣。

杨家人初回江南的记忆并不美好。除了二姐因伤寒去世外，家里还有大姐、三姐、两个弟弟和一个妹妹，共八口人。他们预先在无锡沙巷租下房子，免得老宅拥挤。新租的房子厨房外面有一座木桥，过了桥就可以到自己家的后门。这令杨绛感到很新奇，因为她不用出门便可以看到河上来往的船只。近水楼台先得月，杨家饱尝河鲜之美，杨荫杭尤其爱吃一道“炝虾”。所谓“炝虾”，就是将生鲜小虾洗净，蘸料生食。如今看来，这道菜的卫生程度着实堪忧。果然，没过多久，全家都病倒了。杨绛因不忍吃活蹦乱跳的小生命，反倒逃过一劫。经过治疗，大家都得以康复，唯独杨荫杭久治不愈。

杨荫杭经历了留学生涯的洗礼，非常迷信西医，不信中医，坚持不吃中药。当时无锡只有一个西医，是个外国人，每次替病人检查，都只取一点大便和血液，送到上海化验，等一周后，才送结果回来。经过两次化验，他都未能查出杨荫杭是什么病症。在等结果的日子里，杨荫杭的身体一天不如一天，意识也开始模糊。唐须嫈当机立断，请了中医给丈夫号脉。大夫马上做出诊断，杨荫杭是得了伤寒。

有二女儿染伤寒去世的教训在先，面对杨荫杭的伤寒，全家人都不由得紧张起来。此时杨荫杭几乎病入膏肓，大夫束手无策，连药都不肯开。一个晚上，年幼的杨绛似乎意识到家里要有大事发生——房间内灯火通明，院子里人来人往，脚步匆匆；亲友纷纷来探望父亲，过后都默不作声，只得感叹一句“要紧人啊”！

“要紧人”在无锡话的意思是要养活全家的顶梁柱。此时杨荫杭的收入不仅要养活一家八口人，还要供给杨绛的姑姑和兄弟家的孩子，说他是家里的天也毫不为过。很多年后提及此事时，杨绛仍然心有余悸。万一父亲有个意外，她若能得亲朋好友照顾读几年书，还能勉强做个小学教员；若无人照看，她就要去工厂做女工了。

全家人一筹莫展，唐须嫈却不肯放弃丈夫。她央求丈夫的好友、名医华实甫先生，无论如何也给杨荫杭开个药方。华实甫着实不忍，就“死马当活马医”，开了一剂中药。为了让不信中医的丈夫吃下中药，唐须嫈挖空心思。她买来盛着西药的胶囊，把胶囊打开倒空，再把中药研磨成粉，倒入胶囊中，伪装成西药的样子喂丈夫服下。

坚持换来了奇迹。杨荫杭渐渐退烧，意识也慢慢清醒。对于恢复期的杨荫杭，唐须嫈的照顾也是无微不至。每次炖好浓稠的鸡汤，她都要一勺一勺撇净油沫，只将最营养最清爽的汤汁给丈夫喝。经过唐须嫈悉心照料，杨荫杭竟缓缓康复了。

全家将华实甫医生看作救命恩人，西医则认为杨荫杭自己身体好，在“转换期”战胜了病魔。但在杨绛看来，“无论中医西医，都归功于我母亲的护理。那年除夕，我父亲病骨支离，勉强能下床行走几步。他一手扶杖，一手按着我的头，慢慢儿走到家人团坐的饭桌边。椅里垫上一条厚被，父亲象征性地和我们同吃了年夜饭”。

人生在世，至亲至疏是夫妻。亲是夫妻，毫无保留，将最隐秘最脆弱的一面展现给对方看，互相取暖，互相扶持；疏是夫妻，隐瞒欺骗，自己的欲望所指皆是对方所怨，相互厌恶，相互憎恨。世间夫妻情深，最怕只能同甘不能共苦，也怕只能共苦不能同甘。平日恩爱有加的夫妻，不见得能抵得过琐碎的磨砺与大难的冲击。相守到白头的夫妻，平日里未必如胶似漆，但危机存亡的关头必然互不离弃。

杨荫杭与唐须嫈，晴好时喃喃耳语，你侬我侬；暴风骤雨时也能互为肩膀，为彼此遮风挡雨。杨氏夫妻不仅守护了自己的婚姻，也造就了能够守护婚姻与家庭的女儿们。杨绛自小将父母相处的点点滴滴看在眼里，记在心里，以后，她成了“最贤的妻”。

求学之路

一

就在杨家上下为男主人的病焦头烂额时，杨家的几个孩子却得到了从未有过的自由。忙于照顾丈夫的唐须嫈实在是分身乏术，便将孩子们送到家附近一所叫大王庙的小学就读。大王庙就在沙巷口，早先不知道是祭祀什么大王的，后来改成学校，就叫大王庙小学。学校只有一间教室，全校四个班八十多个人都在这间教室里上课。教室里排着双人课桌四五行，以区分不同年级的学生。和两个弟弟插班进入这所学校时，杨绛已经读到了小学三年级，便进入了最高班就读。

这所学校不仅教室小，职员也只有两人：一个是校长，另一个是姓孙的老师。这个孙老师剃着像光葫芦瓢似的光头，拿着教鞭，动不动就打学生，学生都在背后喊他"孙光头"。但孙光头从来不打杨家的小孩，或许在他心里，杨家毕竟是"做官"的人家，是有些可畏的。

其他挨了孙老师打的同学，背地里都非常痛恨他。不知是谁，在女厕所的墙上画了一幅孙光头的画像，大家整日围着画像拜。杨绛不知其意，还以为同学们在讨好孙老师呢。后来她才晓得，她们是在"钝"他，在无锡方言里，就是让他倒霉的意思。

后来杨绛回忆："在大王庙读什么书，我全忘了，只记得国文教科书上有一部是'子曰，父母之年，不可不知也……'，'孙光头'把'子曰'解作'儿子说'。念国文朗声唱诵，称作'啦'（上声）。我觉得发出这种怪声挺难为情的。”由此大概可以想象，大王庙小学的教学质量的确不怎么样。但对杨绛来说，那段日子却是最快乐最有意思的。在那里，她可以无忧无虑地嬉闹玩耍，享受了轻松的童年。直到年过古稀，杨绛在文章中还提到，经常恍然间觉得自己还在大王庙。那时她有很多时间与女伴玩游戏，有种类似如今“狼人杀”的游戏是杨绛记忆最深刻的：

> 我和女伴玩“官、打、捉、贼”（北京称为“官、打、巡、美”），我拈阄拈得“贼”，拔脚就跑。女伴以为我疯了，拉住我问我干什么。我急得说：“我是贼呀！”“嗨，快别响啊！是贼，怎么嚷出来呢！”我这个笨“贼”急得直要挣脱身。我说：“我是贼呀！得逃啊！”她们只好耐心教我：“是贼，就悄悄儿坐着，别让人看出来。”又有人说：“你要给人捉出来，就得挨打了。”我告诉她们：“贼得趁早逃跑，要跑得快，不给捉住。”
>
> 她们说：“女老小姑则（即女孩子家）不兴得‘逃快快’。逃呀、追呀是‘男老小’的事。”我委屈地问：“女孩子该怎么？”一个说：“步步太阳。”（就是古文的“负暄”，“负”读如“步”）一个说：“到女生间去踢踢毽子。”大庙东院是“女生间”，里面有个马桶。女生在里面踢毽子。可是我只会跳绳、拍皮球，不会踢毽子，也不喜欢闷在又狭又小的女生间里玩。

不同环境养育出不同的孩子。杨绛受到的教育，从小便让她显得更自由。那时候大多数女孩子，多少会被灌输一些“女子不宜”之类的思想。因为杨绛父母从未要求她作为女性就应怎样或不应怎样，她对性别的角色意识并不太清楚，也不能理解女伴们的这种意识；同时她不理解的，还有女伴们的胆小：

> 女生间朝西。下午，院子里大槐树的影子隔窗映在东墙上，印成活动的淡黑影。女生说是鬼，都躲出去。我说是树影，她们不信。我要证明那是树影不是鬼，故意用脚去踢。她们吓得把我都看成了鬼，都远着我。我一人没趣，也无法争辩。

杨绛之所以能够从大王庙小学的同学中跳脱出来，成为历史河流里令人瞩目的一朵浪花，在这时便能区别得清楚。从小受到科学教养的孩子，与生活在相对封闭保守地区的孩子终究是不一样的。受到科学教养的孩子更加大胆，敢于探索，更加自由，有更多可能，更加博学，能看到更大的世界。孩子可以超越家长，但父母的影响却是伴随孩子终生的。普通家庭或许无法具备知识与资源的优势，却可以在教育理念上无限接近钟鸣鼎食之家。父母在痛恨孩子未能长成自己想象中的样子时，不如反观自己的言行，或许能找到解决之道。

杨家的几个孩子这样被“散养”的日子仅仅持续了半年。随着杨荫杭病情好转，他渐渐有余力操心几个孩子的教育问题了。大王庙的教学质量着实让他不满意，为了孩子们的未来，他还是决定送女儿去上海读书。刚刚经历生死的杨荫杭，此时怕是更希望与女儿在一起的吧。可怜天下父母心，他仍然选择为了女儿的未来而牺牲现下美好相伴的时光。

杨荫杭认为上海的启明女校教学好、管束严，能为学生打好中文、外文基础，便先后送了杨绛的二姑妈、堂姐、大姐和二姐去读书，也想送杨绛去读。这时杨绛只有八岁半，离家去上海，令母亲唐须嫈分外担心。但杨绛执意不肯再回大王庙小学，唐须嫈左右为难，还是听从了杨绛的意愿。好在大姐已经毕业，留在启明女校任教，三姐也正在启明女中读书，她们姐妹可以相互照应。

唐须嫈找出一只小箱子，喊杨绛道："阿季，你的箱子有了，来拿。"她又问女儿："你打定主意了？"杨绛答："打定了。""你是愿意去？""嗯，我愿意去。"

杨绛嘴里说着，眼泪却扑簌簌地落。以前的她从不悄悄流泪，只会哇哇地哭；如今到上海上学，要离开妈妈，只有暑假才能回家，她只好努力变得坚强。好在那个时候无锡还没有电灯，昏暗的屋子里只有点点星光，黑夜掩饰了她的脆弱。唐须嫈没能看见杨绛的眼泪，或者即便看见了，也没戳穿她。

临走前，唐须嫈给了杨绛一枚崭新的银圆。之前小杨绛从未有过自己的钱，再说这银圆还带着妈妈的心意呢。她很珍惜，把钱藏在贴身衬衣的左边口袋里。大姐送她一块细麻纱手绢儿，上面有一圈红花，很美。她舍不得用，叠成一个小方块，与银圆一并装在左口袋里，让它们相互做个伴。每次换衣服，她都格外仔细这两个宝贝。直到天气热了，要穿单衣的时候，她才把银圆交给大姐保管。这时银圆已经被捂得又暖又亮了。

二

启明女校是法国人创办的教会学校，位于上海原法租界徐家汇圣母院内。刚从大王庙小学破败的校舍走出来，初到启明女校时，杨绛便被气派的校园震撼了。她心里不断地向大王庙小学里的女伴们卖弄："我们的一间英文课堂（习外语的学生的自修室）比整个大王庙小学还大！我们教室前的长走廊好长啊，从东头到西头要经过十几间教室呢！长廊是花瓷砖铺成的。长廊下面是个大花园。教室后面有好大一片空地，有大树，有草地。环抱着这片空地，还有一条很宽的长走廊，直通到‘雨中操场’。空地上还有秋千架，还有跷跷板……我们白天在楼下上课，晚上在楼上睡觉，二层楼上还有三层……”于是没过多久，杨绛便彻底融入了新世界，把大王庙小学抛到九霄云外了。

新世界最先给杨绛的新奇，便是语言上的冲击。开学那天，满校园里都充斥着“望望姆姆”的叫声，这是回校的学生在与老师打招呼。在这所教会学校里，校长和很多老师都是修女，头戴黑帽，身穿黑袍，看上去很是庄严肃穆。学生们都叫这些修女“姆姆”。那时杨绛觉得，姆姆便是学校里最威武神气的人。姆姆们很喜欢精灵古怪的杨绛，与她相处得格外好。

然而，不同于大王庙小学的自由，启明女校有很多规矩。起床、早中晚餐以及下午茶，都被严格规定了时间，吃饭间也不能言语，连自带的零食都只能在饭堂里食用；上课和自修时学生也不许讲话。杨绛是自由惯了的，天性又好动，刚到这里时，因为上课讲话被罚过站。那次她站在教室后面一直哭，直到老师和同学们都走光了也不肯停住。她心里委屈得紧，为什么明明是两个人讲话，却只罚她一个人呢？直到姆姆来哄她，她才慢慢不哭了。

宿舍的设施是全校统一配置和陈设的，不能像在家里那样随心布置。床铺需要自己整理，既要自己挂床帐，又要自己铺床、叠被、盖毯子。虽然杨绛只有八岁，做这些事有些困难，但她天性爱整理，也忙得不亦乐乎。在同学们中，她的房间整理得最漂亮规整，常常被人夸赞。这段住校经历培养了杨绛的自理能力，让她变成了传说中“无所不能”的样子。

虽然童年的快乐暂时被遏制住了，但是杨绛学业上的长进却是飞速的。正如杨荫杭期待的那样，启明女校的语言教学十分扎实，老师们也十分优秀。教法文的校长是法国人，主要负责小学生大班的教学，性情温和。杨绛的大姐寿康算是她的助手，负责小班的教学。教英文的姆姆是苏格兰人，不仅和善可亲，还能教授钢琴。她也有一名助教，是个漂亮又多才多艺的混血女孩。连教体操的姆姆都是白俄贵族，不会中文，用英文喊口号。在这样的环境下，杨绛打下了坚实的英语和法语基础。

这所学校也重视其他学科的教学。教中文的姆姆是最得杨绛喜欢的，这位姆姆聘请了当时上海一位姓邹的名士作为助理。杨绛是邹先生班里最小的学生。最令杨绛印象深刻的，是教格致的姆姆。她见到杨绛时总会唤她“同康”。虽然逝去的二姐让杨绛伤心满怀，但因姆姆的思念，杨绛似乎觉得二姐并未离开，也因此对那位姆姆充满感激和敬意。

当然，除了功课，这所学校还教会了杨绛许多。在很多年后，杨绛回忆起启明女校时讲道：“我在启明还是小孩，虽未受洗入教，受到天主教姆姆的爱心感染，小小年纪便懂得‘爱自己，也要爱别人’，就像一首颂歌中唱的‘要爱人，莫负人家信任深；我要爱人，因为有人关心’。”

度过了最初的适应期，有一件事最让杨绛感到伤心难过，那就是学校的“月头礼拜”。每个月的第一个周末，学校都会给学生放假，让她们回家去看望父母。这一天，上海本地的学生们都欢天喜地、打扮得漂漂亮亮地回家。留校的学生没有几个，杨绛就是其中之一，对爸爸妈妈的思念伴着同伴都不在的孤寂，混成苦涩的滋味卡在喉咙。管饭堂的姆姆知道这帮小鬼不好过，就把饭堂里吃剩的半包“乌龟糖”

送给她们解闷。糖也无法化解她们心里的苦，她们吃得舌头也厚，嘴巴也酸。直到同学们陆陆续续回校，她们才恢复正常。

原本以为每个“月头礼拜”都要这样煎熬着过，忽然有一天，大姐郑重其事地对杨绛和三姐说，要带她们去一个地方。说着，大姐拉过杨绛，仔仔细细整理了杨绛的衣服，把她的袖管和裤腿拉整齐，才带她们出门。杨绛入学后第一次走出长廊，跟着两个姐姐，乘电车到了一个地方，又走了一段路，到了一座大楼前。大姐告诉杨绛：“我们去见爸爸。”

杨荫杭这时大病初愈，刚刚到《申报》任职。许久不见的父女格外亲近。杨绛紧挨着爸爸，听他讲话。爸爸要带她们去吃大餐，杨绛生怕用不好刀叉，爸爸就安慰她说：“没关系，你就坐在爸爸对面，爸爸怎么吃，你就怎么吃。”小小的杨绛拉着杨荫杭的手，由他带到附近的青年会去。爸爸穿着宽大的哔叽长衫，杨绛的手被盖在爸爸的袖口里，暖和和的。到店后，她像个小猴子，学着爸爸的样子吃饭，但还是吃错了。她不懂汤要一口气喝完，总是吃吃停停。侍者想撤她的汤，她又端起来喝，侍者的手伸出去又缩回来。杨荫杭只好提醒她：“吃不下的汤，可以剩下。”

回去的路上，爸爸和姐姐都笑杨绛吃汤。她们又问她什么最好吃，她答不上来，因为当时只顾着用刀叉，食物的味道都不记得了，只觉得都很怪，唯有冰激凌最好吃。

那年秋天，杨荫杭就把家迁到了上海。他认为，世上只有两种职业是他愿意做的：一是律师，一是医生。他做不了医生，便只好重操法律旧业，当起律师。但当时上海鱼龙混杂，伸张正义何其困难。没过几年，杨荫杭又决定搬到苏州。

杨荫杭是反对置办家宅的。他认为经营家宅是一件耗时费力的事，会把自己变成家宅的奴隶；对子女来说，有家宅继承无疑是祸害，会把原本有所作为的青年人变得“吃家当”，成为废人。他曾明明白白讲：“我的子女没有遗产，我只教育他们能够自立。”

但若想在苏州开律师事务所，靠租赁宅子是不行的。杨荫杭无法，听闻安徐堂正在出售，便买了下来。这是一座明朝的建筑，年久失修，破败不堪，几乎要倒塌，在当地，人们叫它一文堂。听闻明朝魏忠贤横行时期，有人奏称“五城造反”，其中就有苏州。有位徐大老爷把“五城”改成“五人”，救了苏州老百姓性命。苏州老百姓为感念这位徐大老爷，便一人捐献一文钱，修筑了这座一文堂。杨荫杭用人寿保险费将这座宅子买下后，修葺了部分房子，拆了些小破屋，扩大了后园，还添置了一些花木，宅院才显得有生气些。

然而这所房子还是老旧的，尤其是后园，只要掀起一块砖，就能看到砖下有许许多多鼻涕虫和蜘蛛。杨荫杭想到了主意，向孩子们悬赏：鼻涕虫一个铜板一个，小蜘蛛一个铜板三个，大蜘蛛三个铜板一个。在杨绛看来，这种教育方式其实是在鼓励孩子们通过劳动赚钱，并非“劳动光荣”。唐须嫈有些担心：“不好了，你把‘老小’都教育得唯利是图了。”

唐须嫈此时要操持一大家子的事务，还要照顾杨绛的两个姑姑。这两个小姑子，在家事上不但没能帮得上嫂子，反而总是给嫂子惹事端。但唐须嫈从不懊恼，总是那样平和淡然，忙忙碌碌。这种不慌不忙的持家态度，也在杨绛心里留下了烙印。

杨绛周末回来，发现生病休学在家的三姐和弟弟们都靠捉虫赚了不少钱，家里的虫子甚至真给姐弟几个捉到踪迹难觅，但她并不很在意赚钱的事。父亲从小便教她不要在物质上有过多要求。有次父亲的一个朋友开汽车接他们一家去做客，杨绛之前从未坐过汽车，很是新奇。到那家之后，她又被房间富丽堂皇的装饰所震撼。这里太阔气了，有穿着体面的仆人，有绿树成荫的花园，洋房漂亮得像画里的一样。回家后，姐妹几个叽叽喳喳地讨论着，非常羡慕。父亲却淡淡地说：“生活程度不能太高的。”杨绛成年后回忆父亲的教诲时讲道：“假如我对某一件东西非常艳羡，父亲也常常只说一句话‘世界上的好东西多着呢……’意思是得你自己去争取。这也许又是一项‘劳动教育’，可是我觉得更像鼓吹‘个人奋斗’。我私下反应是‘天下的好东西多着呢，你能样样都有吗’？”这种淡然的性子伴随了杨绛一生。

杨荫杭还教孩子们“有志气”。杨绛上中学的时候，听父亲讲到同乡有一位姓陆的朋友，他的两个在交通大学读书的儿子“倒是有志气的，逃出去做了共产党”。据杨绛回忆，兄弟俩便是陆定一兄弟。

小时的杨绛，便在启明女校与父母的双重教育下，渐渐树立起了人生观与价值观。那时她便明白，人生有许多东西是要靠自己的能力争取的，并不依靠别人施舍，但无须贪婪，不属于自己的总归是强求不来的，要学会克制。她与启明女校的缘分仅持续了三年。在谈及启明女校对自己的改变时，她答道：“中文、英文和各课学习打下坚实的基础是一个方面，最重要的是锻炼和培养了独立的生活能力，不止于应付日常生活，还包括自我判断、学会克制、如何正确与别人和集体相处……克制好奇心，须有坚强的意志。意志是逐渐练出来的。”

三

1923 年暑假，已在苏州安定下来的杨荫杭开始着手为闰康和季康办理转学。除了期盼合家团聚，杨荫杭对女儿们的教育问题也有了担心。启明女校是宗教学校，寿康、同康皆在此读了好几年书，受宗教影响颇深。寿康接受了洗礼，俨然成了一名天主教徒，整天喊着要去做修女。同康信了天主教，在生命垂危时也要求受洗。无奈之下，父母二人只好请徐家汇圣母院的教父为同康施洗礼。虽然杨荫杭思想开明，也尊重宗教，却不希望女儿的自由意志受到太多宗教的影响。

他请妹妹杨荫榆帮忙挑选学校。杨荫榆起先挑中的是自己的母校苏州景海女校，甚至已经带了闰康和季康去报名。但就在几天后，杨荫榆受振华女校校长王季玉邀请，去振华女校演讲，回来后又觉得振华好过景海。闰康和季康就插班考入振华女校。

苏州与上海不同：上海犹如摩登女子，洋派、热情，充满躁动与不安；苏州却似初嫁做人妇的江南女子，温婉、内敛却清醒稳当。十二岁初长成的杨绛，与这座古城的气质契合得那样妥帖。

初入振华，杨绛很是失落。相较于启明中学的现代与气派，那时的振华女校显得狭小又破败——校舍简陋，学生也少。她甚至觉得："由上海启明转入振华，就好比由北京师大附小转入了大王庙！"

然而，振华女校确是我国近代女子教育史上非常值得一提的学校。它于 1906 年由谢长达女士创办。谢长达女士婚后从夫姓，以"王谢长达"为名。学校取名"振华"，旨在振兴中华。学校创办伊始，就得到了堪称现代教育奠基人的章炳麟先生、蔡元培先生的鼎力支持，并亲任校董。此外，社会贤达、各界名流李根源、叶楚伧、竺可桢等出任校董，过问校政。著名教育家陶行知先生曾评价说："振华是数一数二的学校，是振兴女子教育最早的先锋。"1917 年，王谢长达三女王季玉硕士由美学成回国接管校务，学校声誉日著，中外著名学者如章太炎、胡适之、吴贻芳、贝时璋等以及美国教育家杜威夫人、法国孟纳博士、美国陀开大学教务主任罗索博士及夫人、英国剑桥大学院长佛莱女士都曾到校演讲。

杨绛那时还不能体会这些，朴素的校舍让她没了探索的热情。三姐入学体检时查出有沙眼，每一两天就要去医院，翻开眼睑用小刀刮，非常疼，还要经常吃泻药。三姐就变成了病号，天天头痛，后来干脆休学了。三姐休学在家后，只剩杨绛独自一人上学，更觉孤寂。万幸的是，日子久了，杨绛渐渐体会到这所学校的好处来。因为学生不多，老师与学生之间相熟，更加亲近。校长王季玉尤其疼爱杨绛，吃饭时，总与杨绛同桌；见杨绛长得瘦小，觉得是因她营养不够，就鼓励她多喝牛奶；从家里带来菜肴，也会一人一勺分给学生，剩下的全部给杨绛。校长对杨绛的好，杨绛一生都在感念。

初入振华，杨绛没什么玩伴。下课后，女同学们聚在一起，只是谈些闲话：谁家小姐受聘了，那翡翠有多绿，牌面有多大……杨绛觉得很无聊。她与差不多大的费孝通在一起玩过一阵子，但那时这位大才子呆头呆脑胖乎乎，女孩子玩的游戏全然不会。杨绛觉得跟他一起玩没意思，就不再找他。

费孝通小学时在振华附小念书，因年纪小，妈妈怕他受大男孩欺负，就让他到振华女校读中学。他脑子灵光，数学尤其好。杨绛刚入学时数学成绩差，经常“吊黑板”，老师就让费孝通解答。杨绛因此对费孝通有了敌意，常常找茬欺负他。费孝通只在振华女校念了一年便转学去了东吴附中，后来跳级到东吴大学，刚好碰到同样跳了一级的杨绛。两人的缘分持续了多年，这是后话。

在英文课堂上，杨绛在启明女校打下的基础尽数毕现。每次老师提问，她都能抢先回答。老师只好禁止她抢答，直到全班都回答不上来，才让她发言。但她的国文成绩并没有想象中好，第一学期老师只给了她六十分。

杨荫杭却并不怎么关心杨绛的考试成绩。他认为，女孩身体娇弱，过分用功会损伤根本。这大抵因与他在美国一同读书的女同学刻苦异常、个个早逝有关。他还觉得有些学生死读书，除却高分数，在生活里就是低能儿，他不希望看到女儿这样。杨荫杭信奉孔子的“大叩则大鸣，小叩则小鸣”，在教育女儿上，总是顺其自然。杨绛高中时还不辨平仄，杨荫杭也不着急，说到时自然会懂，后来杨绛果然忽然就懂了。父亲便踱到廊前，一个字一个字地考她。若是她答对了，父亲便开心而笑；若是她答错了，父亲也是笑。

父亲这种宽和的性子影响了杨绛。她曾经为高中时发生的一件糗事写了篇文章，名为《记章太炎先生谈掌故》，发表在1998年第2期的《十月》杂志上。文章写得妙趣横生，很能见得她的脾性。

> 大约是一九二六年，我上高中一、二年级的暑假期间，我校教务长王佩诤先生办了一个“平旦学社”(我不清楚是否他主办)，每星期邀请名人讲学。我参与了学社的活动，可是一点也记不起谁讲了什么学。唯有章太炎先生谈掌故一事，至今记忆犹新。
>
> 王佩诤先生事先吩咐我说：“季康，你做记录啊。”我以为做记录就是做笔记。听大学者讲学，当然得做笔记，我一口答应。
>
> 我大姐也要去听讲，我得和她同去。会场是苏州青年会大礼堂。大姐换了衣裳又换鞋，磨磨蹭蹭，我只好耐心等待，结果迟到了。会场已座无虚席，沿墙和座间添置的板凳上挨挨挤挤坐满了人。我看见一处人头稍稀，正待挤去，忽有办事人员招呼我，叫我上台。我的座位在台上。
>
> 章太炎先生正站在台上谈他的掌故。他的左侧有三个座儿，三人做记录；右侧两个座儿，一位女士占了靠里的座位，靠台边

的记录席空着等我。那个礼堂的讲台是个大舞台，又高又大，适于演戏。

我没想到做记录要上台，有点胆怯，尤其是迟到了不好意思。我撇下大姐，上台坐在记录席上。章太炎先生诧异地看了我一眼，又继续讲他的掌故。我看见自己的小桌子上有砚台，有一叠毛边纸，一支毛笔。我看见讲台左侧记录座上一位是王佩诤先生，一位是我的国文老师马先生，还有一位是他们两位老师的老师金松岑先生，各据一只小桌。我旁边的小桌上是金松岑先生的亲戚。她是一位教师，是才女又是很美的美人。现在想来，叫我做记录大概是陪伴性质。当时我只觉得她好幸运，有我做屏障。我看到我的老师和太老师都在挥笔疾书，旁边桌上的美人也在挥笔疾书，心上连珠也似叫苦不迭。我在作文课上起草用铅笔，然后用毛笔抄在作文簿上。我用毛笔写字出奇地拙劣，老师说我拿笔像拿扫帚。即使我执笔能合规范，也绝不能像他们那样挥洒自如地写呀。我磨了点儿墨，拿起笔，蘸上墨，且试试看。

章太炎先生谈的掌故，不知是什么时候，也不知谈的是何人何事。且别说他那一口杭州官话我听不懂，即使他说的是我家乡话，我也一句不懂。掌故岂是人人能懂的！国文课上老师讲课文上的典故，我若能好好听，就够我学习的了。上课不好好听讲，倒赶来听章太炎先生谈掌故！真是典型的名人崇拜，也该说是无识学子的势利眼吧。

我那几位老师和太老师的座位都偏后，唯独我的座位在讲台前边，最突出。众目睽睽之下，我的一举一动都无法掩藏。我拿起笔又放下。听不懂，怎么记？坐在记录席上不会记，怎么办？假装着乱写吧，交卷时怎么交代？况且乱写也得写得很快才像。

冒充张天师画符吧，我又从没画过符。连连地画圈圈、竖杠杠，难免给台下人识破。罢了，还是老老实实吧。我放下笔，干脆不记，且悉心听讲。

我专心一意地听，还是一句不懂。说的是什么人什么事呢？完全不知道。我只好光着眼睛看章太炎先生谈——使劲地看，恨不得一眼把他讲的话都看到眼里，这样把他的掌故记住。我挨章太炎先生最近。看，倒是看得仔细，也许可说，全场唯我看得最清楚。

他个子小小的，穿一件半旧的藕色绸长衫，狭长脸儿。脸色苍白，戴一副老式眼镜，左鼻孔塞着些东西。他转过脸来看我时，我看见鼻子里塞的是个小小的纸卷儿。我曾听说他有“脑漏”的病。塞纸卷儿是因为“脑漏”吧？脑子能漏吗？不可能吧？也许是流鼻血。不过他那个纸卷上没有墨。我流鼻血总用蘸墨的棉花，因为墨能止血。也许他流的是脓？也许只是鼻涕？……据说一个人的全神注视会使对方发痒，大概我的全神注视使他脸上痒痒了。他一面讲，一面频频转脸看我。我当时十五六岁，少女打扮，梳一条又粗又短的辫子，穿件淡湖色纱衫，白夏布长裤，白鞋白袜。这么一个十足的中学生，高高地坐在记录席上，呆呆地一字不记，确是个怪东西。

可是我只能那么傻坐着，假装听讲。我只敢看章太炎先生，不敢向台下看。台下的人当然能看见我，想必正在看我。我如坐针毡，却只能安详地坐着不动。一小时足有十小时长。好不容易掌故谈完，办事人员来收了我的白卷，叫我别走，还有个招待会呢。反正大姐已经走了，我且等一等吧。我杂在人群里，看见主要的陪客是张仲仁、李印泉二老。李老穿的是宝蓝色亮纱长衫，还罩着一件黑纱马褂。我不知自己算是主人还是客人，乘主人们忙着斟茶待客，我"夹着尾巴逃跑了"。

第二天苏州报上登载一则新闻，说章太炎先生谈掌故，有个女孩子上台记录，却一字没记。

我出的洋相上了报，同学都知道了。开学后，国文班上大家把我出丑的事当笑谈。马先生点着我说："杨季康，你真笨！你不能装样儿写写吗？"我只好服笨。装样儿写写我又没演习过，敢在台上尝试吗！好在报上只说我一字未记，没说我一句也听不懂。我原是去听讲的，没想到我却是高高地坐在讲台上，看章太炎先生谈掌故。

父亲顺其自然的教育理念成为肥沃的土壤，培育了杨绛广泛的兴趣。这一时期，她养成了最重要的习惯——读书。杨荫杭将她的喜好看在眼里。如果杨绛表现出对什么书感兴趣，他就将这本书放在桌上。如果一段时间后杨绛没读或是半途而废，他就把这本书收起来，算是无声的惩罚。杨绛感兴趣的是辞章小说，最喜欢李煜的词，还把李煜所有的词都找来读。父亲笑她"喜欢辞章之学"。

中学是一个人阅读习惯养成的关键期，这时若读了足够多的且质量好的书，会铺就人一生文字功底的坚实基础。杨绛便是在这时饱览群书。从狄更斯的《大卫·科波菲尔》到《道德经》，从沃尔特的《艾凡赫》到流行的冰心、苏曼殊作品，她都会找来读。父亲问她：

"阿季，三天不让你看书，你怎么样？"

"不好过。"

"一星期不让你看书呢？"

"一星期都白活了。"

阅读很快见了成效。高中时，杨绛的文学天赋名满全校。她曾经作过一首《斋居书怀》：

世人皆为利，扰扰如逐鹿。
安得遨游此，翛然自脱俗。

这首诗被刊于《振华校刊》，国文教师孙伯南先生专写了批注："仙童好静。"由此可以见得，杨绛长到这时，不仅有了学识积淀，还渐渐形成了不慕虚名、不爱俗物的风骨。

振华女中不同于启明女中。在启明凡事有姆姆看管，在振华却全然依靠自律。学校有自治会，杨绛担任过学生自治会的会计。那时会计并不好当，有大洋、小洋，每天的"贴水"都不一样，计算相当复杂。收下的铜板很脏，堆了满床，被褥都脏得不能睡。她还任了英文会长，主持 Open Meeting，演出英文节目。有次英文演讲，第一次登台的杨绛吓得讲了一半，剩下的全忘了，竟然也得了第一名，还得了一本日记本作为奖品。对此，父母都很高兴。

随着年岁日长，杨绛的性子也渐渐沉静下来。这时，父亲又教会了她一件很重要的事。北伐战争胜利那年，学生运动活跃。振华女校也不例外，常组织学生游行、演讲。有次，杨绛被选为学生代表，需要到街上，站在板凳上去发表演说。杨绛觉得为难，不愿意去，一是因对政治无感，不想参与；二是因当时苏州民风闭塞，街上的轻薄人很会欺负女孩子。学校有规定，只要家里不赞成，便可以免去游行的责任。周末回家时，杨绛便向父亲求助，问能不能告诉学校"家里不赞成"。

杨荫杭一口回绝了她。他态度很坚定："你不肯，就别去，不用借爸爸来挡。"杨绛很为难，他就讲了当年自己担任江苏省高等审判厅厅长时候“名与器不可以假人”的故事。他又问杨绛：“你知道林肯说的一句话吗？ Dare to say no！你敢吗？”

“敢！”杨绛苦着脸答。

回到学校后，杨绛无法借家里推脱，只好说“我不赞成，我不去”。这当然被认为是“岂有此理”。然而“岂有此理”很快变成了“很有道理”。那天演讲时，果然有心怀不轨的军人邀请女学生逛戏院。学校听闻，生怕惹出事端，便不再让学生去演讲。无论杨绛是否为那天的决断感到庆幸，从那时起，她却知道了勇于说“不”的可贵。这种难能可贵的能力，甚至成为她获得一生幸福的前提。

如果说启明中学培养了杨绛融入集体的能力，振华中学则培养了杨绛实干及自律的本事。这些品质伴着杨绛，走过一生漫长的岁月。

高中毕业将至，杨绛属意清华大学。她成绩优异，六年的课程五年便读完了，提前一年从振华女校毕业。不巧的是，杨绛毕业那年，清华恰好未在南方招生。但所幸她被两所大学同时录取：一所是苏州的东吴大学，一所是南京金陵女子文理学院。杨绛在这两所大学的入学成绩都是第一。出色的成绩让东吴大学对振华女校刮目相看，特准允振华女校学生免试入学。这令校长王季玉倍感自豪。

再一次面临择校问题的杨绛，听取了三姑母杨荫榆和校长王季玉的意见。她们觉得女校过于闭塞，大学应该开阔社交，于是杨绛便选择了东吴大学。

四

大学五彩斑斓的课外生活，一下子让多才多艺的杨绛如鱼得水。

她会吹箫，会弹月琴，会唱昆曲。她曾经和同窗好友周芬、沈淑参加过校民乐队的演出。课余时间，三人常常合作一曲《梅花落》，琴声悠扬，引人注目。

谁能料想，个子并不高的杨绛，在大学时加入了排球队，还曾有过得分出彩的高光时刻。1991 年，杨绛在一篇名为《小吹牛》的随笔里谈到：

> 我刚进东吴大学，女生不多，排球队里我也得充当一员。我们队第一次赛球是和邻校的球队，场地选用我母校的操场。大群男同学跟去助威。母校球场上看赛的都是我的老朋友。轮到我发球。我用尽力气，握着拳头击过一球，大是出人意料。全场欢呼，又是“啦啦”，又是拍手，又是嬉笑叫喊，那个球乘着一股子狂喊乱叫的声势，竟威力无穷，砰一下落地不起，我得了一分（当然别想再有第二分）。当时两队正打个平局，增一分，而且带着那么热烈的威势，对方气馁，那场球赛竟是我们胜了。至今我看到电视荧屏上的排球赛，想到我打过网去的一个球，忍不住悄悄儿吹牛说：“我也得过一分！”

杨绛上大学时不爱打扮，每天只洗一次脸，也不擦水粉胭脂。她不大用功，也不出风头，跟同学们相处得都好。有位女同学，绰号“红嘴绿鹦哥”，每上一课换一套衣服，戴大钻戒。杨绛见了好奇，问：“许我‘水晶帘下看梳头’吗？”那女同学让杨绛玩她的脂粉，还告诉杨绛“要白，得用檀香粉”。杨绛同样与她相处得融洽。

大学一年级，文理科是全都要上的。到了二年级，杨绛面临分科的选择。她觉得很为难，“我在融洽而优裕的环境里生长，全不知世事。可是我很严肃认真地考虑自己‘该’学什么。所谓‘该’，指最有益于人，而我自己就不是白活了一辈子。我知道这个‘该’是很夸大的，所以羞于解释”。她跑去问父亲，父亲则回答：“没什么该不该，最喜欢什么，就学什么。”杨绛觉得不够稳妥，又问：“只问自己的喜爱，对吗？我喜欢文学，就学文学？爱读小说，就学小说？”父亲便跟她讲：“喜欢的就是性之所近，就是自己最相宜的。”

苏州东吴大学的两个强项专业是医学预科和法学预科，前者三年毕业可直升北京协和医学院，后者可直接升入上海东吴大学法科。她崇拜南丁格尔，想学医，但又性子柔软，对血淋淋的生命有些害怕。生物实验要活剥螃蟹的壳，看那还在跳动的心，杨绛替螃蟹痛得手都软了，手指都不听使唤了。全班同学都剥下了蟹壳，唯独她苦着脸，剥不下。大学一年级时，她认识了来自美国的姑娘陶乐珊·斯奈尔，两人很是投缘。陶乐珊告诉杨绛，她爸爸将做一台大手术，为喉部堵塞不能进食的患者插一根橡皮管子到胃里，杨绛若是有兴趣，她可以smuggle（偷带）杨绛入医院去见识。杨绛洗澡又洗头，还穿上护士的白衣，戴一顶圆顶白帽，混进手术室，站在不碍人的近旁。陶乐珊说：“假如你晕倒，我抱你出去。”杨绛没有晕倒，坚持看完了整台手术，但是足足两个星期不想吃肉。

杨绛学医的热情就这样被浇灭了。

杨绛喜欢文科，但东吴大学的文科只有法学和政治。父亲此时正开律师事务所，她觉得自己如果做了律师，可以在事业上帮帮父亲，还能借此接触社会上各式各样的人，为小说创作积累素材。杨荫杭却坚决反对女儿学法律。大概是看透了律师行业的不公与妥协，他不忍女儿重蹈覆辙。无法，杨绛最后选择了政治学。

世事弄人，不喜欢政治的杨绛偏偏选了政治学作为专业。她倒也因祸得福，既然对本业没兴趣钻研，便有了大把时间读喜欢的书，从弗洛伊德的心理学到爱因斯坦的相对论，从冯友兰的《中国哲学史》到房龙的《我们生活的世界》。杨绛作为文科生，也会经常与费孝通等人讨论时间是空间的第四量向等问题。那时她没能完全搞懂这个问题的意思，直到1935年出国前，她坐在房间，想着三年后能不能继续回到这里，忽然明白了这个命题：虽然地方还是老地方，但已不是原来的所在了，因为地球随着时间流逝在转动，一切空间都发生了偏转。

虽然对本专业投入的精力不多，但杨绛是不需要死读书便可以取得好成绩的女生。当时一般大学将成绩分为五等，东吴大学则分六等：一等最好，六等最次。一二年级时，杨绛因贪玩功课并不拔尖，有些科目成绩偶尔会掉到二等去。到了三四年级时，杨绛每门成绩都能到一等，连“四肢发达”的体育也不例外，成了学校为数不多的“纯一等”的学生。杨绛还是班上的“笔杆子”。东吴1928年英文级史和1929年中文级史都是出自她的手笔。

东吴大学在苏州城墙边上。闲时杨绛总喜欢到城墙上去走走，看看城墙内外的景色。离葑门城不远有一户人家，临水而居，从城墙上可以望见墙里整齐的青竹篱笆和一座瓦房。杨绛每次走到这里都要由衷地赞叹“好个临水人家”。没想到，不久之后，她便能走进这户人家。

杨绛在启明女校时便有了法文基础，但几年未曾温习，有些生疏，于是想趁着大学时重拾法语。大姐利用暑假帮她补习，她私下也会记生词，做练习，但总希望有老师指点一二。大姐的朋友苏雪林知道她的心思，就介绍了位比利时夫人作为她的法语老师。这位夫人，正住在杨绛从城墙上看到的那处宅院里。夫人嫁给了一位在比利时留学的中国留学生，留学生回国后开了家玻璃厂，生意很好。他还有位原配妻子，据说已经离婚，但仍然住在他的父母家。杨绛观察这位夫人，发现她神情憔悴，举止粗俗，过得并不好，再看夫人在娘家时的照片，眼波流转，神采奕奕，貌美优雅，便料定夫人的婚姻生活是不幸的。

果然，有次夫人拿了报纸上剪下来的一则小小的离婚启事，问杨绛这有没有法律效力。杨绛仔细看了，发现这就是一则廉价广告，刊登在不入流的小报上。夫人从杨绛闪烁其词的态度中读出了什么，便没有追问。后来杨绛送了夫人礼物，推说功课忙，便没有再去上法语课。

夫人还是回了比利时。她的丈夫曾经向她发誓，如果欺骗她，就让上帝惩罚他，让他们的女儿死掉。未料想他们的女儿真的死掉了。夫人心灰意冷，求助比利时大使馆，回到了她的祖国。

杨绛每次再走城墙，看到这户人家时，不免连连叹息。不幸的婚姻，可以把父母的掌上明珠变作憔悴的妇人，可以把优雅的淑女变成粗鲁的泼妇。她见了不幸的婚姻，自然对婚姻最坏的样子有了想象。

五

杨绛因跳级没被清华大学录取，晚她一年毕业的振华同学蒋恩钿却赶上了清华招生，顺利进入清华。蒋恩钿鼓励杨绛转学，还陪她到上海交通大学领了转学考试的准考证。但杨绛的大弟宝昌突然患病，原本就有的肺结核迅速恶化，并发急性结核性脑膜炎，这在当时是不治之症。杨绛与母亲、大姐连夜轮流值守。母亲只让杨绛坐在外面，所以她隔着珠罗纱帐子才能看见弟弟。一天夜里，父亲突然喊她们起来，原来是大弟去世了。

这天恰好是清华招生考试的第一天，杨绛放弃了考试。后来她回忆，那是她第三次亲眼看见人去世。“第一次是祖母，她是含笑去世的，满面慈祥的微笑，一点不可怕。第二次是外祖父，他和生病前不像了，略有点可怕；大弟弟完全变样了，脸缩小了，变成儿童时期的大弟，不可怕。钱瑗出生时，我觉得她活像我的大弟。”

经了这次变故，杨绛能体会母亲锥心刺骨的痛。她回忆起失去二姐时的哀伤，不禁更同情母亲。从这时开始，她与家的牵绊更多，感情更亲近了。

就在这一年，中学时的校长王季玉先生为杨绛申请到美国著名女校卫斯理（Wellesley College）的奖学金。奖学金免去了学费，但需自付住宿费和生活费。父母尊重杨绛的意见，只要她想去便让她去。但杨绛已然能体会父母持家的不易。父亲一人收入要支撑一家人吃穿用度，本就紧张，若自己再增加开支，必定使父母生活受影响。她本就对政治无甚兴趣，觉得去美国读政治不如留下考清华文学系。思量再三，她拒绝了这次机会。

1931 年冬，学校开始闹学潮。那时学校教育管理之混乱，影响之大，前所未有，校园几乎变成监狱。同在东吴大学的费孝通抢先一步转学到燕京大学，杨绛则设法与好友从学校逃了出来。眼见开课无望，他们几人不忍时光荒废，便商量一起去燕京大学借读。1932 年，杨绛办好去燕京大学借读的手续，与同学周芬、张令仪、孙令衔等五人一道北上。

转学去燕京大学须经考试。杨绛考完试后便到清华去看望蒋恩钿。孙令衔也要去清华看表兄，两人结伴而行。蒋恩钿见到杨绛很是欣喜，得知杨绛要去燕京大学借读，便建议杨绛干脆到清华学习，还帮她办理转学至清华的手续。

两人相谈甚欢，到了分别的时候，孙令衔由表兄陪着，来古月堂接杨绛一道回燕京。一段传奇故事就此上演。

与君初识

一

最爱的人，大概都会变成一个名字。这个名字停挂在嘴边，仿佛随时可以脱口而出。有些人足够幸运，任何时候都可以呼唤这个人，而有些人的名字，却只能永远止于心底。人一生，要爱几个人才足够呢？在杨绛情窦初开的那个年代，与才女的才情相伴的，往往是剪不断理还乱的情感纠葛。对张爱玲而言，寂寞时轻呼的，会不会是胡兰成？对萧红而言，孤苦时想到的，到底是萧军还是端木蕻良？林徽因在沉溺于尘世幸福时，会不会幻想与自己朝夕相伴的人，是曾经漫步于康桥的那一位？与她们相比，杨绛足以称得上幸运。因为无论面对幸福或是灾祸，顺境或是困难，与杨绛相伴的，支撑她走下去的，始终是那个人。她不必一边面对与一个人的柴米油盐，一边幻想与另一个人的红尘前缘；也不必照料一个人的点点滴滴，却成就他跟另一个人的山河岁月。杨绛与钱锺书，波澜不惊地相识，不慌不忙地共度悠长岁月，温柔而坚定地写就一生只爱一人的誓言。

能够与一人相伴终老的女子，往往具备识人的智慧，还兼具拒绝别人的胆量。在恋爱的年纪，杨绛便是这样的一个女子。在东吴大学念书时，杨绛便因出色的成绩与娇美的样子，成了一众吉士倾慕的对象。她的室友和杨绛睡前谈心，评价她道："男生愿意追求的女生有五个条件：一要相貌好，二要年纪小，三要功课好，四要身体健康，五要家境好。杨季康五样全都占了。”处在娇俏年纪的杨绛十分害羞，把头埋在被窝里不作声。

虽然年纪轻轻的杨绛十分青涩，但面对形形色色的追求者，她却从不含糊。遇到不喜欢却对自己殷勤的异性，许多涉世未深的姑娘容易迷失自我，轻易陷进去，或是不忍拒绝他人的执着真诚，出于同情兼着虚荣的心情接纳错误的人。无论怎样，这种选择往往将姑娘们的人生导向不幸，至少，在波澜不兴的生活下，永远丧失了与知心人灵魂相伴的机会。有些人的伴侣换了又换，生活却总是不幸；有些人被伤害之后便肆无忌惮地伤害无辜的人，忘记人类寻找伴侣的初心。现在总是有人讨论，婚姻制度是符合人性的吗？或者仅仅是一种经济制度？或许从人类的动物性出发，新鲜的肉体与不同的人生使生命永保激情；又或者从经济学的角度讲，婚姻或固定唯一的伴侣是抵御人生风险的最好合伙形式。但我们无法否认，如果一个人足够有智慧且足够幸运，她是有机会遇到与她灵魂相通的人的，并在遇到这个人之前保持清醒，不被错误的人夺去生命剩下的时间，由此相伴一生。虽然年轻，杨绛却似乎早早懂得了这个道理。条件出众的杨绛在青春时收到数不清的爱意，示好的男生据说有孔门弟子“七十二人”之多。碰到有爱慕之心的男生递来书信，她总是一笑了之，置之不理，从未有让对方误会的举动。对那时爱慕她的男孩子来讲，杨绛怕是倔强又冷酷的角色，但从岁月流转后回望当时种种，这些男孩子怕也是会感谢杨绛的坚定和智慧，让自己没有错付美好时光。

爱慕杨绛的人有很多，最出名的大概是费孝通了。两人辗转几个城市，换过几个学校，甚至跳级之后，仍然是同学，这令费孝通常常感叹他们的缘分。费孝通是近代非常有声望的社会学家，他所作的《乡土中国》至今是许多社会学甚至中国语言文学问题研究无法避开的著作。他亦是有才情的人，面对优秀的杨绛，也不免心动不已，变着花样搭讪。但杨绛“不恋爱”的名气早已在外，他不得不另辟蹊径，追着杨绛问：“做朋友可以吗？”冰雪聪明的杨绛当然知道他的目的，她不想浪费彼此的时间，明明白白地对费孝通讲：“交朋友可以，但朋友是目的而不是过渡。”一盆冷水将费孝通的热情浇灭。但费孝通意志仍然坚定，整日围着杨绛打转，逢人便说：“我跟杨季康是老同学了，早就跟她认识，你们‘追’她，得走我的门路。”他打着不许其他男生接近杨绛的小算盘。他还让好友孙令衔四处宣扬自己是杨季康的男朋友，让追求者知难而退。但杨绛仍然不为所动。

杨绛所有的等待与坚守，大概都是为了那个人的出现。

杨绛中学毕业后苦苦执着于清华这件事，后来被母亲唐须嫈打趣道：“阿季脚下拴着月老的红线呢，所以心心念念只想考清华。”就是在清华，杨绛终于遇到了那个值得她推开所有错误与将就的人。

清华的女生宿舍不许男生出入，等待恋人的男生们便纷纷在古月堂站成“望妻石”。在那个春风拂面的日子，杨绛与蒋恩钿在古月堂伴着丁香与紫藤花的香气谈天。孙令衔刚巧带了表兄来，杨绛便见到了他。

“这是我的表兄钱锺书。”

两人站定，相顾并无话。据杨绛日后的说法，那天她大概对钱锺书没有很特别的感觉。在《记钱锺书与〈围城〉》中，她讲起对钱锺书的印象：“初次见到他，只见他身着青布大褂，脚踏毛布底鞋，戴一副老式眼镜，满身儒雅气质。”她又在他处说：“人世间也许有一见倾心的事，但我无此经历。”

钱锺书却没有杨绛这样的淡然，他仿佛一下子便看到了生命之光，满脑子都是杨绛可爱的样子：“颉眼容光忆见初，蔷薇新瓣浸醍醐。不知腼洗儿时面，曾取红花和雪无。”他承认初见杨绛时，杨绛美丽的脸庞像出浴的蔷薇新瓣一样无瑕美好，娇艳无比。杨绛日后也解释了这首诗的后两句：“诗中第四句红花和雪的典故来自北齐崔氏的洗儿歌，说的是春天用白雪、红花给婴儿洗脸，希望孩子长大后脸色好看。”足以见得在钱锺书看来，杨绛何等美好。

从初次见面的情形，我们大抵可以揣测，杨绛与钱锺书的关系里，杨绛大概是被爱更多的一方。钱锺书在日后的岁月里，也表现出对杨绛十二分的依赖，或者说是依恋。

夹在其中的孙令衔大概感觉到了什么，当然也知道费孝通对杨绛的感情。出于对朋友的偏袒，他便扯了个谎，对杨绛说钱锺书已经订婚，对钱锺书讲杨绛的男朋友是费孝通。

听罢孙令衔的话，杨绛倒也冷静，没有再说什么，钱锺书却坐立不安，心急如焚，生怕一时犹豫就错过一生。他火急火燎地写了一封信，约杨绛在工字厅的客厅见面。

也许，上天偏要捉弄有情人。当披荆斩棘遇到对的人时，那人却不能属于你。世间大概没有比这更痛苦的事了。对钱锺书而言，见到杨绛这一面前的每一分每一秒，都是这种绝望痛苦交织的不堪。但无论如何，我要见你，我要听你说，我要亲口向你解释，我可以属于你，你可不可以走向我这里？

万幸，两人顺利见了面。钱锺书焦急地说：“我没有订婚。”

仿佛等到了什么，杨绛回应他：“我也没有男朋友。”

以后的漫长岁月，都会见证他们勇敢的意义。人生中，有很多讲求缘分的事。追求爱情的人往往更容易相信顺其自然的魔力。年轻爱人的心常常是世界上最脆弱易碎的东西。爱得越深，越怕接收到那人可能离开自己的信号，甚至不会面对现实，宁可玉石俱焚，让自己的感情与心全部摔碎。但试一下，再试一次，至少确定对方的心意，总不会留下悔恨。爱情里的勇敢最难得，也最可能让人收获美好的人生。

此时，钱锺书“清华才子”的身份声名在外。他比杨绛大一岁，同为无锡人士，父亲钱基博是国学大儒。这个数学、物理不及格，却被清华大学破格录取的青年，一次次用老道的笔法针砭时政，畅抒己见。与杨绛表明心意后，钱锺书满腔表达与书写的愿望，几乎全都倾注在杨绛身上。

男女相悦，若想维持长久，对男子来说，主动将自己呈现在女子面前是一种极其明智的做法。天生爱安稳的女子，如果理性又会谋划，或许会对神秘的异性一见倾心，却难以将其视作终身伴侣。只有男子全然将自己展示了，又恰好符合女性的胃口，二人才有可能长久地走下去。女子最好单纯善于持家，有些才华更是锦上添花，却万万不可将所有的好与坏全然暴露在爱人面前。想要长久稳定亲密关系的女性，要时刻牢记自己的爱人也是普通生物学上的男子，纵使在你眼里那般独一无二，也免不了他对新鲜的猎物蠢蠢欲动。

钱锺书与杨绛的书信似乎可以看得出这种立场。钱锺书在信中诉衷肠谈理想，深入灵魂絮絮叨叨，一派进攻者积极进取的姿态。杨绛便随声附和，一直保持克制与不远不近的疏离。这让钱锺书既爱得心碎又心急如焚。大多数时候，钱锺书对杨绛的感情是快乐的，充满着深情的告白。这时，他写了许多彰显才情的诗作，写到得意处，也不免自我夸赞一番。他曾经写过一首七言律诗送给杨绛，其中“除蛇深槽钩难着，御寇颓垣守不牢”用理学家的语录入诗，不落窠臼。为此钱锺书曾自负地说：“用理学家语作情诗，自来无第二人！”

钱锺书与杨绛的信，不止卿卿我我的小儿女情，他会把自己的过去、现在、未来统统剖开给她看。与其说他想向杨绛表露爱意，不如说他是借着这些信梳理自己的人生。他试图把完整的自己展现给她看。钱锺书告诉杨绛，自己“志气不大，只想贡献一生，做做学问”。杨绛刚好有同样的乐趣，亦写道：“我虽学了四年政治，并无救世济民之大志。”相同的人生观很快将二人的心拉到一起。

这不禁让我想到，在英国女作家艾米莉·勃朗特的《呼啸山庄》中，出身贵族世家的凯瑟琳对家族收养的弃子希茨克利夫投入毕生激情，正是因为二人的本质如此相似。凯瑟琳说：“我爱他，我的灵魂跟他是同一个料子制成的。”爱情有时就是这样，弱水三千，我却只取一瓢饮。杨绛与钱锺书就是如此，“在一众追求者中，虽然他并不是我梦想中的样子，但当我望向他时，我看到了另一个自己”。这些语言让杨绛有了期待，每天回到宿舍时，桌上的信成了她生活的一部分。她明白，她彻底沦陷了。

此时，杨绛借读生的身份使她有些光阴难求的紧迫感，她想利用全身每个细胞吸取清华大学的养分。正如杨绛先生后来所讲：“我到了清华，才用功听课，不再懒懒散散。”她有意选了些内容充实压力也大的课程，包括温源宁的“英国浪漫诗人”。温源宁恰好对钱锺书颇为欣赏，便格外注意杨绛。在一次测试中，因缺乏西洋文学史基础而答不出题目的杨绛不愿乱写，索性交了白卷。温源宁颇为意外，对钱锺书说：“Pretty girl 往往没有头脑。”他以为钱锺书是因杨绛长得可爱才与之交往，后来也传为趣事。钱锺书虽对这件事只当玩笑看待，但对杨绛的学业很是上心。1932 年，杨绛结束清华大学课程，拿到东吴大学文凭，还获得了学校的金钥匙奖。钱锺书看她学有余力，便鼓励她报考清华外文系研究生，还帮她推荐备考书籍。杨绛按照他的建议自学一年，果然在 1933 年考上清华外文系研究生，与季羡林做了同班同学。

这一年，钱锺书本意是让杨绛留在北京，在清华补习，但杨绛却自顾自回到苏州。她觉得，一来自己需补齐清华本科四年课程，力有不逮，不愿仓促；二来自一·二八事变之后，家人与她一度失联，她十分担忧。杨绛不肯留在北京与钱锺书相伴，让钱锺书颇感失落，不免有些牢骚。杨绛本不爱写信，又不想解释，便索性不理他。钱锺书更是怅惘。

爱之入骨的人忽然从身边消失，连信也不肯回，对钱锺书来讲，这大概是从未有过的困苦了。但在外人看来，若不是这些挫折，钱锺书未必能真正看清自己的内心，未必能意识到杨绛在他心中的位置。他也彷徨过，写下悠长的悲情诗。正如从事钱锺书作品研究的学者们所发现的，钱锺书旧诗中李商隐风格的爱情诗，就是从1932年左右开始出现的。

壬申年秋杪杂诗

缠绵悱恻好文章，粉恋香凄足断肠；答报情痴无别物，辛酸一把泪千行。

依穰小妹剧关心，髫瓣多情一往深；别后经时无只字，居然惜墨抵兼金。

良宵苦被睡相谩，猎猎风声测测寒；如此星辰如此月，与谁指点与谁看。

困人节气奈何天，泥煞衾函梦不圆；苦雨泼寒宵似水，百虫声里怯孤眠。

面对杨绛的冷漠，钱锺书虽很是不甘，但也不想放弃。他把信当作撞击杨绛心门的攻城车，一封接一封。这似乎是以文字为武器的男人的斗志。后来杨绛讲，钱锺书“信很勤，越写越勤，一天一封”。杨绛本就是心软之人，与钱锺书又投缘。在“攻城车”不断的进攻中，杨绛的心防被攻破，两人关系恢复如初。

男子的进取与攻击，不尽然依靠武力或暴力。擅长文字的男子可以书信为剑，擅长理工的男子可以专注为枪。在这个男子力并不能完全释放的年代，相信钱锺书沉默中心脏青筋暴起般的斗志与坚韧的意志，可以给男性们一点启示。

北平到江南的距离成了两人间最好的羁绊。木心诗中描绘的那时候车马都慢，一生只够爱一人，大概便是钱锺书与杨绛这般了吧。有所爱之人，不以山海为远，一本书、一封信都足以寄托情思。如今，通讯技术发达了，目的地似乎变得比以往容易到达，人与人异地的感情却似乎更难以维持。或许是因为二人正是青春少年，感情纯粹坚定得紧；又或许是因为二人的笔足以写出最纤细的哀愁，即便不能日夜相伴，二人也并无芥蒂。总之，来来回回的书信更加坚定了二人的心意，这段书写往来、不能见面的日子，反而成为两人筑牢城堡的砖石。

与钱锺书相比，杨绛在爱情里并不是一个喜爱倾诉的女子。她写信不多，寥寥几封信中，大多是理性的思考与述说，难得见到炽热爱情的表达。这多多少少让钱锺书郁闷。在《围城》里，方鸿渐倾慕的唐晓芙也是一个不爱写信的女子，这其中大概有杨绛的影子。

回苏州后，杨绛经人介绍，在上海工部局华德路小学担任小学教师，月薪一百二十元，算得上当时的金饭碗。杨绛本以为给小学生上课并不难，却没料到这份工作并不轻松。她虽然没有充足的时间为研究生考试做准备，却依然把学校图书馆里的书读了个遍。但此时她偏偏因为打伤寒预防针过敏，得了荨麻疹。父母见杨绛如此，着实心疼，便让她辞了工作，在家静养。

此时钱锺书熬不过心中思念，专程到苏州看杨绛。这一次，他见到了杨绛的父亲杨荫杭。杨荫杭对钱锺书印象不错。大概因都是读书人的缘故，杨父与钱锺书很谈得来，称赞钱锺书“人是高明的”，算是默许了女儿与钱锺书交往。

钱锺书毕业后，并没有同杨绛一起报考清华研究院，而是另有自己的计划——报考中英庚款奖学金。庚款奖学金是近代特有的产物。在中国“庚子赔款”后，美、英、法、荷、比等国相继与中国订立协议，退还超过实际损失的赔款。退还款项除了偿付债务外，其余悉数用在教育上，中国每年向上述国家输送相应的留学生，庚款留学生由此产生。钱锺书想报考的中英庚款奖学金需要两年社会经验，他便回到无锡，在父亲钱基博任教的上海光华大学做老师。有了收入，安身立命之基打好后，男人往往想迎娶心爱之人。杨绛考入清华后，钱锺书娶她为妻的念头越来越浓烈。不待与杨绛商量，钱锺书便与父亲一道，奔赴苏州求亲。

杨荫杭对父子二人直截了当的举动有些惊讶，以为杨绛已经同意此事。他不忍女儿伤心，便答应将杨绛许配给钱锺书。杨绛便有些莫名其妙地成了钱家的儿媳妇。

1933 年，钱锺书与杨绛举行了订婚仪式。

钱锺书的父亲钱基博是有些老派的人，但他在未与杨绛谋面时便认可了这个儿媳。这要追溯到二人千里通信时。那时钱基博见钱锺书终日魂不守舍地等书信，料定他对信中女子爱得走火入魔，便私下拆开杨绛信件来读。他看到杨绛叮嘱钱锺书“毋友不如知己”，便觉得很是合意，又见杨绛写道“现在吾两人快活无用，须两家父母兄弟皆大欢喜，吾两人之快乐乃彻始彻终不受障碍”，更是欢喜异常，觉得杨绛既有才华又识大体，早已自作主张修书一封，将钱锺书托付给她。

到订婚时，作为公公的钱基博更是看重这个儿媳。他按照祖训，向杨家讨杨绛的生辰八字。杨荫杭不肯给，说“从前时男女双方不认识，只好配八字，现在彼此相识相知，还要八字作甚？”钱家也不强求，只好在族谱里随便乱写了一个生辰八字了事。钱锺书的母亲操持着儿子的婚事，“快活得睡也睡不着”。

如此看来，钱、杨二人的结合终究得到了两家家人的支持。谈及恋爱关系时，父母家人这层关系不太容易被想到。一旦涉及婚嫁，双方家人尤其是父母的意见便很是重要了。天成佳偶也需要回归柴米油盐，神仙眷侣也得见过父母。正如杨绛在给钱锺书的信中所写，家人皆大欢喜，爱人才能做得长久。总有人问，得不到父母祝福的婚姻该不该继续？或许有时，父母迂腐守旧、目光狭隘，甚至有时，向来通情达理的父母忽然变得世俗又势利，但父母总是希望儿女过得幸福，他们不肯接纳的人，想必不会是儿女的最好选择。

钱锺书与杨绛订婚那日正是盛夏，骄阳高照，宴席上高朋满座，觥筹交错，热闹非凡。充满欢声笑语与活力的宴席，似乎成了二人今后美好生活的象征。钱、杨二人的爱情，似乎如童话般，有了最完美的结局。

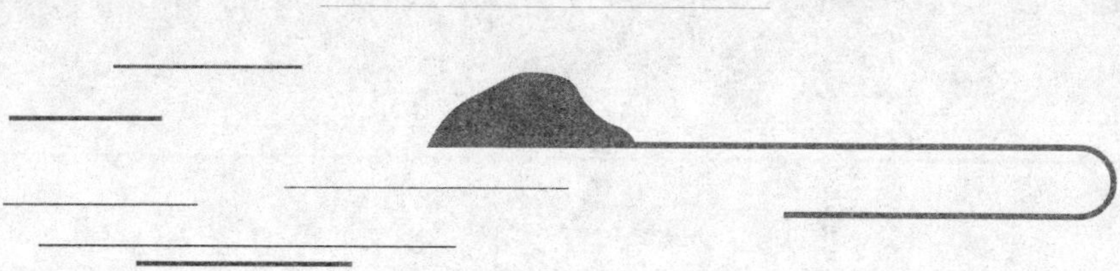

第二章

溪流旖旎

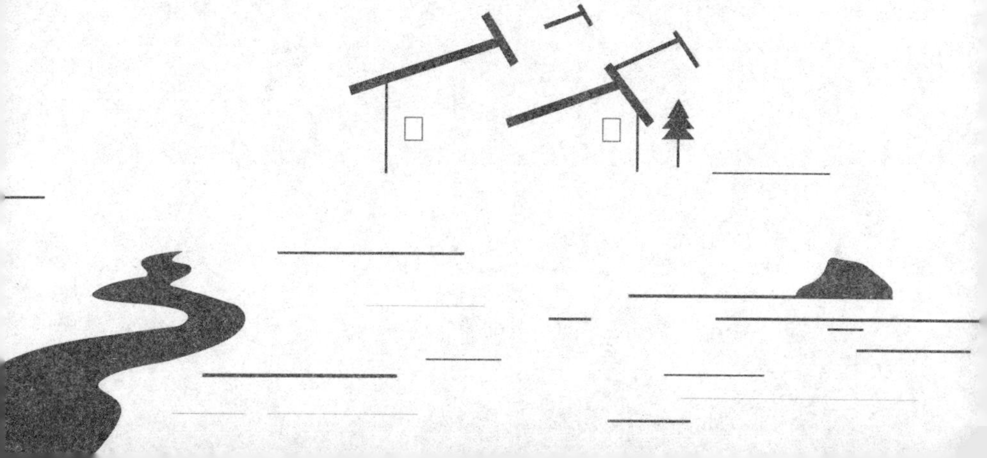

书写世界

一

热闹的订婚宴结束，漫长的人生路还要继续。杨绛北上，去清华继续研究生学业。钱锺书南下，去上海光华大学任教。钱家人不放心杨绛独身一人求学，便托钱穆先生伴她同行。钱穆可以称得上国学大师，是钱氏家族又一个响当当的名字。那时去北京的列车很慢，晃悠悠一日半才能到达。钱穆与杨绛相对而坐，相谈甚欢。钱穆夸赞杨绛是有决断的人，因为她只带了一包行李，很是精简。用当下的话来讲，杨绛是很会断舍离的。然而哪有什么天性便懂舍弃的人，不过是长期独自漂泊，早就知晓什么该带在身边，什么该丢弃。

人真正的成长，大多是从离家去远方开始的。背上行囊，独自奔赴远方，行囊里的行李是路上的星辰日月，每一样都要自己细细斟酌、慢慢挑选。身后的故土越来越远，人就像脱离了岸边，只能凭力气游在一望无际的水面上。慢慢的，人越游越远，越游越轻松，渐渐看不到岸上母亲的目光，便可以独自生存在这世上了。

杨绛这时大概已经有了这样的本领。一个人北上求学对她来讲似乎并不是什么难事。这次与钱穆先生共同乘车，对她触动最大的莫过于先生的随和近人。车行过蚌埠，路上渐渐没有了风景，只有绵延起伏的土墩，杨绛觉得无聊，便说："这段路最乏味了。"钱穆却说："此古战场也。"杨绛吊古的热情被激起。钱穆便告诉她，哪里可以安营，哪里可以冲杀，直到琅琊山在望，他们才离开这片辽阔的古战场。

车到北平，杨绛去清华大学，钱穆去燕京大学。经此一别，二人却再不曾见过。杨绛对这次行程总不能忘怀，每次坐车路过“古战场”，总能记起钱穆先生谈古论今的神情。直到多年后，钱穆病逝于台湾，杨绛颇有感怀，便写下《车过古战场》悼念钱穆先生。

清华的一切都是那么熟悉又新奇。杨绛这次来清华，再不用顶着借读生的名义，而是真真正正的清华学子。摆在她面前的，是可任意驰骋的人生。

直到以后的漫长岁月，杨绛最爱的，永远是读书。清华大学的图书馆，似乎让杨绛有了志之所栖。为此，她专写了一篇《我爱清华图书馆》，追忆与清华图书馆的点点滴滴。

> 我在许多学校上过学，最爱的是清华大学；清华大学里，最爱清华图书馆。
>
> 1932年春季，我借读清华大学。我的中学旧友蒋恩钿不无卖弄地对我说：“我带你去看看我们的图书馆！墙是大理石的！地是软木的！楼上书库的地是厚玻璃！透亮！望得见楼下的光！”她带我出了古月堂，曲曲弯弯走到图书馆。她说：“看见了吗？这是意大利的大理石。”我点头赞赏。她拉开沉重的铜门，我跟她走入图书馆。地，是木头铺的，没有漆，因为是软木吧？我真想摸摸软木有多软，可是怕人笑话。捺下心伺的机会，乘人不见，蹲下去摸摸地板，轻轻用指甲掐掐，原来是掐不动的木头，不是做瓶塞的软木。据说，用软木铺地，人来人往，没有脚步声。我跟她上楼，楼梯是什么样儿，我全忘了，只记得我上楼只敢轻轻走，因为走在玻璃上。后来一想，一排排的书架子该多沉呀，

我光着脚走也无妨。我放心跟她转了几个来回。下楼临走，她说："还带你去看个厕所。"厕所是不登大雅的，可是清华图书馆的女厕所却不同一般。我们走进一间屋子，四壁是大理石，隔出两个小间的矮墙是整块的大理石，洗手池前壁上，横悬一面椭圆形的大镜子，镶着一圈精致而简单的边，忘了什么颜色，什么质料，镜子里可照见全身。室内洁净明亮，无垢无尘无臭，高贵朴质，不显豪华，称得上一个雅字。不过那是将近七十年前的事了。

一年以后，1933 年秋季，我考入清华大学研究院外国语文研究所。清华图书馆扩大了。一年前，我只是个借读生，也能自由出入书库。我做研究生时，规矩不同了，一般学生不准入书库，教师和研究生可以进书库，不过得经过一间有人看守的屋子，我们只许空手进，空手出。

在这篇文章里，她提到："我曾把读书比作'串门儿'，借书看，只是要求到某某家去'串门儿'，而站在图书馆书库的书架前任意翻阅，就好比家家户户都可任意出入，这是唯有身经者才知道的乐趣。我敢肯定，钱锺书最爱的也是清华图书馆。"

人们在读书时，总喜欢用"遨游在知识的海洋里"形容读得沉浸。这种比喻虽然因反复使用显得烂俗，却所言不虚。读书的确是件有意思的事。当一个人声称自己绝非读书之人、看书便会打瞌睡时，他大概就像尚不会游泳的人站在海边。海洋深不见底，"望之俨然，浅尝后又觉得海水苦不堪言"。不读书的人看读书人，就像岸上的人看着海里人。岸上人不懂水中人的欢乐，水中人却乐不思蜀酣畅淋漓。相比水中人，岸上人永远少了片可以寄托快乐的领地。

杨绛便是可以在海中游得欢畅的人。每到一处，图书馆总是她最想去的地方。清华亦是如此。除了闲时读书，她也不浪费清华的丝毫资源。她选了朱自清的散文课，梁宗岱的法国文学，吴宓的中西诗比较，美国教授翟孟生的欧洲文学史和英国教授吴可读的英国小说。这些课程预示了杨绛日后的事业路线，也为她的文学品味和爱好打下了基础。

值得一提的是，在朱自清的散文课上，杨绛发表了她的处女作。朱自清先生需要学生上交文章作为作业，杨绛的第一篇习作《收脚印》便获得他的肯定。

> 听说人死了，魂灵儿得把生前的脚印，都给收回去。为了这句话，不知流过多少冷汗。半夜梦醒，想到有鬼在窗外徘徊，汗毛都站起来。其实有什么可怕呢？怕一个孤独的幽魂？假如收脚印，像拣鞋底那样，一只只拣起了，放在口袋里，揣着回去，那么匆忙地赶完工作，鬼魂就会离开人间。不过，怕不是那样容易。
>
> ……
>
> 每当夕阳西下，黄昏星闪闪发亮的时候，西山一抹浅绛，渐渐晕成橘红，晕成淡黄，晕成浅湖色……风是凉了，地上的影儿也淡了。幽僻处，树下，墙阴，影儿绰绰的，这就是鬼魂收脚印的时候了。
>
> 守着一颗颗星，先后睁开倦眼。看一弯淡月，浸透黄昏，流散着水银的光。听着草里虫声，凄凉地叫破了夜的岑寂。人静了，远近的窗里，闪着星星灯火——于是，乘着晚风，悠悠荡荡在横的、直的、曲折的道路上，徘徊着，徘徊着，从错杂的脚印中，辨认着自己的遗迹。
>
> 远处飞来几声笑语。一抬头，那边窗里灯光下，晃荡着人

影，啊！就这暗淡的几缕光线，隔绝着两个世界么？避着灯光，随着晚风，飘荡着移过重重脚印，风吹草动，沙沙地响，疑是自己的脚声，站定了细细一听，才凄惶地惊悟到自己不会再有脚声了。惆怅地回身四看，周围是夜的黑影，浓淡的黑影。风是冷的，星是冷的，月亮也是冷的，虫声更震抖着凄凉的调子。现在是暗夜里传仃的孤魂，在衰草冷露间搜集往日的脚印。凄惶啊！惆怅啊！光亮的地方，是闪烁着人生的幻梦么？

……

灯灭了，人更静了。悄悄地滑过窗下，偷眼看看床，换了位置么？桌上的陈设，变了么？照相架里有自己的影儿么？没有……到处都没有自己的份儿了。就是朋友心里的印象，也淡到快要不可辨认了罢？端详着月光下安静的睡脸，守着，守着……希望她梦里记起自己，叫唤一声。

星儿稀了，月儿斜了。晨曦里，孤寂的幽灵带着他所收集的脚印，幽幽地消失了去。

……

朱自清先生看了，觉得杨绛写得很好，便对她说："你这篇作文，可以发表，我给你拿去投稿。"杨绛大喜过望。果不其然，两个月后，在《大公报·文艺副刊》，杨绛看到了她那篇署名"杨季康"的《收脚印》，还收到了《大公报》给她寄来的五元钱稿费。她很高兴，用四块钱买了两斤绛红色的毛线，边看书边打毛线，给妈妈织了一条大围巾，又用一块钱买了一匣子天津起士林的咖啡糖，裹在围巾里一起寄给妈妈。

朱自清先生可以看作杨绛文学之路上的启明星了。在无数才华横溢的清华学子中，他偏慧眼识珠，发现了杨绛，是因为她笔触细腻柔软又充满遐思，还是因为她年纪轻轻便可以洞悉面临生死时人性的脆弱与悲凉呢？

我们无从得知，只知道以此为始，杨绛算得上正式走上文学创作之路了。

二

杨绛是江南女子，对北方冬天的阴风怒号有些陌生害怕。在入住清华宿舍的第一个冬天，她便搬去与燕京大学宗教学院院长赵紫宸的女儿赵萝蕤同住。赵萝蕤选修了一门叶公超先生的课。叶公超先生听闻钱锺书的未婚妻就在清华读研，还与赵萝蕤同住，便让赵萝蕤邀请杨绛去他家中做客。

叶公超先生发出邀约时，怕是带了一点情绪的。原来之前所传钱锺书已经订婚之事，并非捕风捉影。当年叶家想与钱家联姻，属意钱锺书。两家都觉得满意，唯有钱锺书不喜欢叶家小姐叶崇范，一口回绝了这门亲事。叶家脸上无光，对这事一直有些介怀，而叶公超正是叶崇范的堂兄。

杨绛对此也有耳闻。她不逃避，欣然赴约。有趣的是，叶家小姐也是启明中学的学生。杨绛听大姐和后来又回到启明读书的三姐讲过很多次关于叶小姐的顽皮事。叶小姐皮肤不白，但相貌不错，生性大胆淘气。她饭量很大，半打奶油蛋糕能一顿吃完，绰号“饭桶”（恰好是“崇范”二字倒过来的谐音）。一次养母叶姑太太带她到永安公司买东西，叫她小坐等候，她趁机吃了三十客冰激凌，吃得都病了。

念书时她自己编造请假信，回家穿上男装，骑自行车到大马路上疯玩，玩够才回学校。

杨绛先生后来讲道："我第一次见到钱锺书时，就想到了这位淘气的'饭桶'，觉得和眼前这个穿一件青布大褂，一双毛布底鞋，戴一副老式大眼镜的书生是不合适的。当时只闪过这个念头而已。"她自觉并没有破坏两家联姻，对叶家也不甚在意。

叶先生对杨绛礼遇有加，侃侃而谈，一顿饭下来，二人也不再生分。叶公超便拿出一册英文刊物，让杨绛翻译其中一篇政论文。杨绛心想"这怕是要考考钱锺书的未婚妻吧"，便点头答应。

然而，杨绛此前并无翻译经验，对政论也无甚兴趣，对这么个考验，是有点硬着头皮去做的样子。她费了很大一番功夫，用尽浑身解数，终于翻译了个大概。杨绛自己对这篇勉强为之的译稿不太满意，没想到拿给叶先生后，他点头赞许"很好"，不久后将其刊发在《新月》杂志上。因这次试验，叶先生觉得杨绛不浪得虚名，杨绛也因叶先生的肯定有了信心。二人间的嫌隙消弭，反而生出师生间惺惺相惜的认同感来。

光阴似箭，水木清华。日子不紧不慢地过去，杨绛在清华的浸润下，思维渐渐饱满，情感渐渐丰富。在上海执教的钱锺书曾来北平看她。钱锺书是不喜热闹新鲜的人，一个人在清华，四年也未曾游几处北平风景。但与杨绛在一起时，他每天都会被杨绛带去新的地方。他游了北平的风景，见了北平的事与人，世俗才缓缓向他打开。后人讲钱锺书与杨绛珠联璧合，佳偶天成，或因二人皆醉心学术不问政事，或因二人性格淡然饮水成诗。但不可忽视，二人结合除因有话可聊外，性格互补亦是原因。钱锺书是喜爱沉浸的人，可以把生活过得深刻，但会忽视浮世风光。杨绛是充满灵性、在世事间来去自如的人，但会流于浅尝辄止。二人结合，取长补短。天作之合，不过如此。

两人相伴时，钱锺书能清晰地感到对杨绛浓浓的爱意。1934 年，他作了《玉泉山同绛》，拳拳爱意欲言又止，无声胜有声。

欲息人天籁，都沉车马音。
风铃呶忽语，午塔闲无阴。
久坐槛生暖，忘言意转深。
明朝即长路，惜取此时心。

两人南北两隔时，钱锺书又将思念化作书信，一封一封寄给杨绛。他是语言大师，玩转文字不在话下。至今许多高校的中文系，还将《围城》看作教学生打磨文字的样板。在写信给杨绛这件事上，钱锺书更是不吝惜才华，单是落款，就新意百出。他最常用“奏章”二字，说是有点“启明圣上”的意思，“惧内”属性可见一斑。一次，他落款“门内角落”，旁人看了百思不得其解，杨绛也不明就里。直到钱锺书回信解惑，杨绛才知道“门内”是“钱（money）”“角落”是“钟（clock）”，不禁开怀大笑。

钱锺书把一年间所作的诗，包括写给杨绛的情诗和二人的唱和诗作集结成册，自费出版，名《中书君诗》，印了几本，分送亲友。吴宓先生也得了一本，看后很是高兴，称赞钱锺书：“才情学识谁兼具，新旧中西子竟通。”钱父带了点淘气，竟将诗集送给叶家一本。叶恭绰看到钱锺书与杨绛的唱和诗，气不打一处来，恨惨惨地说钱家不肯联姻，托词什么“齐大非偶”：“杨荫杭大律师，大法官，也不小嘛！”

1935 年，钱锺书两年社会实践期满，开始参加出国留学考试。中英庚款留学生考试总共举行过八次，钱锺书参加的是第三次。当时有二百九十人报名，二百六十二人应考，结果仅录取了二十六人。钱锺书不仅是唯一被录取的英国文学专业学生，而且总成绩最高，达到87.95分。

赴英在即，钱锺书牵挂杨绛，希望杨绛与自己一道出国。此时，与其说钱锺书放不下杨绛，不如说杨绛放不下钱锺书。她太了解钱锺书了。他出身名门，满心思钻研学问，且不论不谙世事，就连料理自己的生活，他也难以做到。与他一起出国，她至少还能照顾到他。但清华虽有公派留学惯例，唯独外语部例外，出国必须自费。杨绛此时尚未毕业，若要提前回家准备婚礼，有两门课不能参加考试。幸而两位老师宽厚，准许她用论文和习作代替考试。杨绛思考再三，决定自费出国，以论文代考试，与钱锺书结婚。

杨绛的这次习作，就是后来被人所知的《路路，不用愁！》。这篇文章被朱自清先生推荐发表在《大公报·文艺副刊》上，后来还被林徽因选入《大公报文艺丛刊小说选》，标题改成《璐璐，不用愁！》。

杨绛在处理世俗问题上是高明的，也足够决断。虽然钱、杨已经订婚，但未举行婚礼便共同出国，在那个时代免不了受人议论。杨绛虽然正值热恋，却十分清醒，不肯将自己陷入进退两难的境地。无关对爱人的信任，也无关对爱人的依赖，这种做法值得每一个正在深爱着的姑娘品味。

主意打定，杨绛决定南下回家。与年幼时那次南下一样，她的这次回乡充满匆忙与慌乱。她甚至来不及写信告诉父母，便匆匆收拾行李启程。

车到苏州时是中午，她取完行李雇车到家已经是下午三点左右。因想念父母，她把行李向门口一丢便飞奔进门，像回归森林的鸟儿似的，边跑边喊："爸爸！妈妈！"父亲丝毫没有意外，答应了一声，掀起帘子道“这可不是来了”。

原来杨荫杭那天刚准备午睡时，忽然感到杨绛回来了。他起身看，发现屋里并没有人。他以为杨绛怕耽误他午睡，到母亲房去了，便过去找，问妻子：“阿季呢？”

妻子疑惑：“这会子哪来的阿季？”杨荫杭有些失落，转身回房，却怎么也睡不着。

这会儿阿季真真正正回来了，杨荫杭很是高兴，说道：“大概真有心血来潮这回事。”后来杨荫杭在追忆这件事时说：“曾母啮指，曾子心痛，我现在相信了。”

此时的杨荫杭，身体已大不如前了。他患有高血压，又曾经中风。早在去年，他就半开玩笑地向杨绛诉说自己开庭时闹了个笑话。当时法庭里的人都在等他说话，期待他像以往那样慷慨雄辩，可他却一个字也说不出来。众人等了许久，他仍无法开口，案子被迫延期开庭。明白自己身体状况的杨荫杭决定结束律师生涯。在这种境遇中，他当然希望女儿能够留下来陪陪自己。然而，女儿这次归来是为了走得更远。

在儿女成长的道路上，父母就像领路人：出发时等着儿女，背负着儿女，觉得儿女总也长不大；可忽然有一天，孩子长大了，越走越快，超过了他们。他们只能远远望着孩子们，看着那些高高大大的背影，回忆孩子还是小小的人儿时哭着扑向自己怀里时的样子。

杨绛的人生行路至此，正是要越过父母奔向更大世界的时候。她向父母坦白，这次回家是要与钱锺书结婚的，他们要出国去学习。杨家父母对这一天的到来早有准备。他们没有阻拦女儿，任由她奔向自己想去的天空。

三

钱锺书与杨绛在1935年7月13日结婚了，婚礼设在苏州庙堂巷杨府。钱、杨两家朋友众多，与订婚时一样，席间不乏鸿儒大家。杨荫杭主婚，著名爱国人士张一麐证婚。婚礼是西式的，很是洋派，有花童，有《婚礼进行曲》，还有请来的摄影师拍照。但那日的结婚纪念照拍得并不优美，反倒滑稽。杨绛后来写道："结婚穿黑色礼服，白硬领给汗水浸得又黄又软的那位新郎，不是别人，正是锺书自己。因为我们结婚的黄道吉日是一年里最热的日子。我们的结婚照上，新人、伴娘……都像刚被警察拿获的扒手。"

婚礼是热闹的，但也有状况出现。后来杨绛回忆，有位女士穿了一身白色就来赴宴，白衣裙、白皮鞋，惹得宾客诧异，以为她披麻戴孝来了。这女士便是杨绛的姑姑杨荫榆。但杨绛知道，姑母向来忙碌，这套衣服估计是最为隆重的了，也不去计较。

经过"女师大风波"的杨荫榆，被免职后回到苏州，在苏州女子师范学校任教，并在东吴大学、苏州中学兼授外语，1935年在娄门创办二乐女子学术社，任社长。此时，杨绛一家并不知道，仅仅三年后，杨荫榆会死在日本人之手。

抗战爆发后，苏州沦陷。侵华日军要杨荫榆出任伪职，遭到她的严词拒绝。面对侵华日军在苏州烧杀抢掠的暴行，她还曾几次到日军司令部提出抗议。有一天，几个被日军追逐的妇女逃至盘门新桥巷的杨荫榆家，杨荫榆立即勇敢地站出来用日语同日军交涉，当众斥责日军的暴行，保护了这些中国妇女。这些举动刺激了日本侵略军，杨荫榆也就成了日军的眼中钉。1938年1月1日，两名日军以司令部传见为借口，把杨荫榆诱出家门，行至盘门外吴门桥突然开枪射击，并将她抛入河中，因见她晃动手臂，又开数枪将其射杀。

一代备受争议的女教育家，最终回归纯净的灵魂，为捍卫民族尊严而牺牲。

洗手作羹汤

一

婚宴散了，杨绛换好衣服，带着行李，由钱锺书和家人接到无锡七尺场钱家。妈妈不放心杨绛在婆家的生活，意欲把自己的得力女佣“借给”杨绛一个月，待她出国后再做打算。杨绛替钱家面子着想，推托说钱家有佣人，不必再带人去。其实钱家上上下下若干人，只有一个烧饭的女佣，还有一个“老妈妈”睡在屋外，杨绛也没使唤过她。

钱家还有一次中式婚宴，旧规矩很多。钱锺书老实，对岳父讲明迎亲时需杨绛行旧礼。杨荫杭得知女儿要向钱家父母磕头，心里很不爽快。三姐在旁暗暗拉四妹衣襟，埋怨他们口无遮拦。原来三姐出嫁时，在夫家不知磕了多少头呢，只是没告诉爸爸便是了。

迎亲仪式十分隆重。钱锺书的大伯父膝下无子，钱锺书出生后要按照旧规矩过继给长房抚养，大伯父与大伯母就成了他的嗣父嗣母。此时虽然伯父伯母早已过世，钱锺书和杨绛还是要叩拜嗣父嗣母，只不过拜的是两盆有象征意义的植物：一盆千年芸，一盆葱。他们还要叩拜钱氏父母，拜叔父婶母，拜家祠，拜灶神。一路拜下来，小夫妻两人直累得病倒了，连回娘家的回门礼都无法进行。

钱锺书的奶妈（被钱锺书称为“姆妈”）待钱锺书视若己出。她在钱家帮工帮了一辈子，到中年以后，每日都要呆呆地愣一阵。家人背后称她“痴姆妈”，称钱锺书的“痴气”就是从她身上带来的。姆妈很期待儿媳妇，婚礼前特买了一只翡翠镶金戒指准备送给杨绛。有人哄她那是假货，把戒指骗去。姆妈气得发疯，不久就去世了。杨绛没能与她见上一面。

杨绛在家时，虽不惫懒，但日常劳作都有母亲和佣人操持。与杨家相比，钱家的确可以称得上“寒素人家”，初为人妇的杨绛很不习惯钱家的生活方式。迎亲当天晚上，无锡国学专科学校校长唐文治老先生请新人吃喜酒，要唱昆曲助兴。杨绛换好白高跟鞋，却发现要自己走着上街去叫车。“当时我心上有说不尽的委屈。其实我十五岁时，也曾带着弟弟妹妹步行到振华上学。但那是上学啊，岂有新娘子出门做客，要走出门自己叫车之理！”但杨绛不但体谅了钱家的“寒素”，还怪自己娇气：“委屈之余，不怨贫家媳妇苦，而自己明白，谁娶我这种小姐很倒霉！”

然而成为主妇，要经历的远不止这些。古时女儿出嫁要哭，是为“哭嫁”：一则表达感念父母养育恩，二则表达远离家乡有哀愁，三则表达对未来日子多烦忧。未嫁人时，女孩是父母的心头肉，即便撒娇蛮横，父母疼爱，数落几句便算了；不想做家事，偷个懒，还有父母做好一切等女儿享用。那时的女孩，与父母心意相通，真如小棉袄一般温暖人心，日子也随性洒脱。一旦女孩嫁了人，成了妇人，一切便不一样了，除了不能随性烂漫，还要日日如走钢丝，丝毫错不得，也难怪嫁人前女孩们要情真意切哭上几日。

“三日入厨下，洗手作羹汤。”新婚三日，杨绛依着规矩被引进厨房。“厨房里有好些未见过的女人。灶上锅里烧着半锅沸油，灶台上盘子里有一尾开膛去鳞的鱼，她们要我把鱼放进锅里。我从未摸过生鱼，也不知怎么拿，怎么下锅。她们教我提起尾巴，鱼头顺着锅边，鱼一溜就进锅了。我战战兢兢拿起滑腻的鱼，把鱼溜入锅里，居然没溅上油。幸亏没叫我真的煎鱼，煎鱼是我一辈子也没学会的。‘小姑’也没陪我‘入厨下’。”杨绛看妯娌小姑们还要去井边汲水洗衣，便也跟着去，到了井边才发现自己不会汲水，衣服也没洗成。

好在钱锺书去南京接受留学培训时，杨绛有机会与小姑子钱钟霞一道回娘家小住几天。她身体还未来得及全然恢复，鼻子和胸口又长了疹子。唐须嫈很心疼，说疹子都出在要害处，一定要访一位名医来诊治。但未及病愈，杨绛便要动身为出国做准备。临行前，母亲给她带了冬衣，另外准备了两小篓子水蜜桃，让她送给长辈们。杨绛还与小姑子分食了几个水蜜桃。

谁料这急匆匆的分别，成了杨绛心头永远的痛。临行前从无锡坐火车到上海，车路过苏州时，杨绛忽然泪流满面。她感觉父母在想她，恨不得跳下车去，跑回家再见父母一面。

她之后再也没能见到母亲。

三年后两人回国，他们到家时发现三姐在医院生孩子，弟弟在维也纳上学，七妹结了婚住在无锡，家里只有爸爸、大姐和八妹。上海沦陷了，而妈妈也已经去世一年多了。

杨绛办理好自费留学手续，待钱锺书从南京受训回无锡后，便着手收拾行李。两人的行李主要是书：“锺书把一叠又一叠中文书籍搬到书桌上，我一一装入大箱。多半是中文书，也有他喜爱的外文书，还有工具书。我记得在牛津时，我曾重读《论语》《孟子》《左传》等。《随园诗话》《养一斋诗话》等，则是第一次读。锺书带的还有文集、诗词集等。一年后，许大千曾寄《红楼梦》，爸爸曾寄《元曲选》。带出国的中文书籍，回国时都送人了。带回的都是外文书了。”他们拜别了钱氏父母，便到上海坐邮轮。此时三姐已经嫁到上海，杨绛便住在三姐家，钱锺书暂住别处。

说来有缘，在上海住的几天里，杨绛忙于应酬，得空时参加了启明女校的校友会，恰好碰见叶崇范。那时杨绛正抱着三姐的女儿，叶崇范看见了，便过来与她打招呼："闰康的女儿吗？"杨绛笑着点点头，却看叶崇范穿一件细褶子透明白绸衬裙，旗袍开叉处并不露腿，言行举止颇有大家风范，也从心底对她有了敬意。

1935 年 8 月 13 日，钱锺书与杨绛夫妻由上海出发，开始留学生涯。三姐送杨绛，送钱锺书的是温源宁老师和邵洵美先生。杨绛是自费学生，与钱锺书并不同舱。

船缓缓开动了。以往只是向无垠的世界眺望，如今当真要到新世界去了，两人必然不能坦然自若。若是没有胆量面对，所栖之处便永远是那一方狭小的天地；若是冲破屏障，辽阔的世界则任由驰骋。杨绛在《我们仨》中写道："1935 年 7 月，锺书不足二十五岁，我二十四岁略欠几天，我们结了婚同到英国牛津求学。我们离家远出，不复在父母庇荫之下，都有点战战兢兢；但有两人做伴，可相依为命。"

两人以往没有坐过跨洋邮轮，又正在新婚蜜月，一切风景对他们来说都那样新奇美好。有次海上刮起了台风，其他人都早早躲好，两人却贪看风暴没有回舱。狂风来袭，大雨如注，直到甲板上实在不能站立，夫妻两个才手牵手摇摇晃晃从甲板挪到船舱。二人头晕，两天不想吃饭，饿得前胸贴后背，直到船至香港，才上岸吃了点心。

船一路西行，钱锺书与杨绛沿途参观了新加坡与锡兰（即后来的斯里兰卡）的景点。旅途有些艰苦，行至大西洋时，恰遇船上有人死亡。海员将死者的尸体裹了，投入大海。这是他们第一次见海葬。

二

到英国后，两人并未直接去牛津，而是先在伦敦小住了一段时间。他们拜访了在伦敦的亲友，促膝叙话，携手游览，见证了伦敦厚重的历史与别样的风情。这是二人最为轻松快乐的时光。

没过多久，他们便去牛津开始学业。钱锺书入学顺利，进入埃克塞特学院（Exeter College）攻读文学学位。杨绛原本打算入女子学院学文学，却被告知文学专业名额已满，只能学历史。杨绛不愿退而求其次，便打算直接在牛津大学旁听，自修西方文学。

那时牛津大学要求自费学生穿一件黑布背心，背上还附着两条黑飘带，有奖学金的学生则穿长袍。钱锺书虽然有庚款奖学金，但没有牛津奖学金，所以也算自费学生，穿黑布背心。那时牛津及附近的街区，都是穿着黑布背心或长袍的学生来回走动。杨绛看了，着实心酸羡慕。她何尝不想自费入学，融入牛津学生中去？但已为人妇的杨绛，自然要考虑更多：牛津学费本就比一般高校要贵，还要另交导师费，她若入学，需要一大笔开销；他们房租伙食费用高，还偶尔出些意外，异国他乡，总要留够充足的预算；爸爸得了高血压不能工作，自己又离开了他们，满心愧疚……想到这些，她便做了懂事的女儿，未开口向家人提学费的事。

即便如此，杨绛也没有偷得半日闲。她穿着旗袍，跟几个修女一道坐在旁听席上听课。牛津的时光何其美好，她一分一秒也不愿意浪费。不上课的时候，杨绛总喜欢去图书馆。钱锺书没课的时候也会与妻子一道去。牛津大学图书馆名为Bodleian Library，钱锺书译为“饱蠹楼”。图书馆藏书五百万册，手稿也有六万卷。图书馆里学生不多，环境清幽，临窗有一排单人书桌，杨绛独占一桌来自习。没有旁听课程的时候，她总到图书馆去读书。本科时杨绛学了四年政治，虽然兴趣在文学，但并未接受系统的文学教育。此时她一介旁听生，既没有必修课要上，也没有功课要做，反倒比在校生多了时间，可以从从容容地读书。

不得不说，在自学西方文学上，杨绛先生是很有方法的。她从英国的乔叟开始，顺着文学史的经典作家名录，一位一位往下读，既读原本，又读知名评论家的权威评论。每位作家的代表著作她都能读上三四本。

那时牛津图书馆的经典文学藏书止于十八世纪，据说是牛津不认同十九世纪后的作品仍是经典的缘故。但杨绛先生认为十九世纪后的作品仍有遗珠。狄更斯、萨克雷等十九世纪后的作家，杨绛先生就很重视。牛津图书馆不能找到的藏书，杨绛先生便去牛津市图书馆借。

杨绛先生对文学的好恶也是明确的。读法国文学时，她曾点名不喜欢司汤达的《红与黑》，嫌不自然，觉得他的其他的作品倒是比《红与黑》可读。杨绛先生也不甚喜欢巴尔扎克，虽然也读了他不少作品。杨绛先生在清华读研时，受王文显先生影响，对戏剧情有独钟。此时，她更是把莫里哀所有的戏剧几乎读了个遍。莫里哀总能举重若轻，戏剧写得妙趣横生又不流于肤浅，情节总是在意料之外情理之中，语言也简明，难怪杨绛先生喜欢。

英国文学中的戏剧，杨绛先生也读了许多，但她不怎么喜欢萧伯纳，所以他的戏剧读得少。巴里（《彼得·潘》的作者）名气远不如萧伯纳，杨绛先生倒是把他的剧作和小说几乎通读了。她认为，文学史上“小家”的书往往很可读：“英国桂冠诗人梅斯菲尔德有《沙德·哈克》《奥德塔》两部小说，写得特好，至今难忘其中气氛，只有诗人能写得出。”至于意大利、俄国、德国、西班牙等其他语种的作品，杨绛先生就选择读英文版。日后对杨绛先生影响很大的《堂吉诃德》，她读的也是英文版。

杨绛并不是非严肃作品不读，她也很喜爱有科学性、故事性甚至带点噱头的小说。航海小说、冒险小说她都爱看，尤其爱看侦探小说。侦探小说适合学习外语，轻松易读却包含丰富的词汇：“我读完全部法文侦探，阅读法国小说可躺着看，不必查字典了。但我总记得老师的话：查一字，即收获一字。以后看见就认得；不查，就过去了，再遇到也不相识。”

夫妻情感保鲜的秘诀，就是永不停止精神上的交流。钱锺书主攻西方文学，杨绛此时也正补习西方文学，两人永远有说不完的话，话题深刻有趣，每次谈话都十分相投。“我们文学上的‘交流’是我们友谊的基础。彼此有心得，交流是乐事、趣事。”

谈话中妻子偶尔露出的奇特能力，让钱锺书很是惊喜，这也是女子保持神秘魅力的秘方吧。钱锺书更早接受文学系统教育，又天赋才情，此时更得牛津名师指导，在学问上，他总感觉是强过杨绛的。但有几次他刚读到一首词，杨绛便能一字不差全然背诵下来。钱锺书有些吃惊，暗戳戳在日记中写下：“她想‘胜过’我呢。”有次他们在讨论雪莱的诗，杨绛觉得有一句有“鸟鸣山更幽”的意思，钱锺书很赞成，还写进了《管锥篇》，只是书中没有提及杨绛的名字。

那时钱锺书最头疼的两门课是古文书学和订书学。这两门课程分别要求学生通过古代的书写方法来辨认作者手稿和学习十一世纪以来装订图书的方法。钱锺书觉得这两门课没有实用价值，并不感兴趣，但这两门课却是必修课。钱锺书与同学按照课本上的要求翻来覆去折纸，希望将纸折成订书学要求的样式，却怎么都折不对。他们向杨绛诉苦。杨绛手巧，看了课本，知道图上画的是反折式，只要一切反着折就对了。锺书他们试了，果然不错。他们又拉着杨绛辨认古代文字。杨绛拿出一只挖耳勺，用尖头点着一个一个辨认字母由古到今的变形规律。他们也慢慢记住了。

钱锺书的作文老师非常严厉，会一对一逐字逐句改学生的作文，要求很高。钱锺书日后能够使用精练的语言和精准的比喻，就是在这时打下的基础。杨绛很羡慕这样严格的训练，钱锺书知道了，就会按照导师的方法，逐字逐句批改杨绛的习作，杨绛的语言能力也因此提升不少。

他们闲聊时喜欢谈论诗，也会在一起背诗。有时把一首诗里的某个字忘记了，回头看时他们便会发现，这一定是诗中最不妥帖的一个字。钱锺书诗文很好，古今体皆佳，经常想教杨绛作诗，杨绛却觉得自己不是写诗的料。虽然念书时，杨绛的诗常常作为优品被赞扬，但她认为，那不过是自己押韵拼凑出来的东西罢了。作诗是很讲求天赋的事，充满了细腻的体悟与转瞬即逝的灵感。感情纤细敏感的人才能做得好诗。以本人愚见，总体而言，杨绛是理性多过感性的人。在露出情感的脆弱之处时，她并不放任自己沉溺其中，而是努力修正感性带来的行为偏差，以获得在尘世生存下去的能力。这种修正，正是对细腻情感的克制。在克制过程中，转瞬即逝的灵感来不及被抓住就溜走了。具备这种能力的人非常难得，他们往往可以对抗挫折，逆流而上，类似于后来日本作家渡边淳一提到的“钝感力”。缺乏这种品质的人，若是有文学上的天赋，却是很容易成为诗人的，但也更容易被现世的困难压倒，故而诗人的自杀与消亡是常有的事。正是杨绛身上这种品质，支撑她以及相对敏感的丈夫穿越那个厚重又慌乱的时代，坚强如昨。她不爱作诗的心态，于我个人而言，是能够理解的。

钱、杨二人还会比赛谁读书读得多，以本为单位，年终结算。杨绛耍无赖，把读的小册子算成一本，钱锺书读的小册子则不算；她读的中文书也算一本，而钱锺书读的中文书则还是不算。一年下来，二人读书的数量相差无几。其实钱锺书中文书读得更多，不仅经常重读，还要做笔记，这是杨绛力不能及的。

三

初到牛津时，两人租住了一间卧室。主人姓金（King），除了为夫妻二人提供卧室，还为他们提供饭食，早午晚餐加一顿下午茶。房间卫生也不消两人打扫，自有金先生的妻女打理。两人不用做家务，乐得清闲。同住的还有两位单身房客，一位姓林，一位姓曾，算是有个照应。

在金家住的日子里，两人无忧无虑，轻松快乐。杨绛有时间便练字。她从国内带了笔墨，却没有纸，就在房主送的餐巾纸上练。钱锺书原本练的是郑孝胥体，撇又粗又长，不甚喜欢，看杨绛临的帖是麓山寺碑帖，也改练麓碑。

在国内时，杨绛就听钱锺书说过他自己拙手笨脚，那时杨绛还不以为意。直到出国读书，杨绛才发现钱锺书所言的确不虚，没有半点自谦。刚到牛津时，钱锺书有次一个人坐公交车，未及下车车便开动了，于是摔了个大马趴，磕掉了半颗门牙。他用大手绢捂着嘴，自己从车站走回老金家。见到杨绛，他抖开手绢。杨绛只见得钱锺书满脸是血，大惊失色，又看手绢，上面还留着那半截掉了的门牙呢。钱锺书不辨南北，难分左右，不会利索地系鞋带，连筷子都用不好，一切生活琐事，少不得杨绛打理。

杨绛很乐在其中，夫妇性格互补得恰到好处。但到牛津没多久，杨绛搬家的念头却越来越强烈，因为钱锺书本就吃不惯西餐，曾感叹“嗜膻喜淡颉羹浑，夷味何能辨素荤”。时光渐逝，金先生家提供的饭食也越来越差，似有敷衍之嫌。杨绛胃口小，把自己吃不完而钱锺书又能吃的食物一股脑留给丈夫。但丈夫还总觉得吃不饱，渐渐面黄肌瘦，她非常心疼。

杨绛打算租一处带厨房的房子。不等与钱锺书商量，她便开始留意报纸上的招租信息。她平日喜欢散步，便趁着散步四处看房。有次散步至牛津大学公园马路对面的高级住宅区，她发现一栋三层小楼上贴着招租告示，再去看时又不见了。她不甘心，决定去敲门碰碰运气。

开门的女士不回答有无房子出租，只是将杨绛上上下下打量一番，问了些话，就带她到二楼去。洋房外有楼梯，有独立小门，可以不必入一楼能够直达二楼，看起来像是费心从楼里分隔出的一套房间。屋内有起居室和卧室两间房，几乎是一套独立的公寓了。房子前面有个大阳台，楼下便是大片的碧绿规整的草坪和花园，环境很是清幽。这里距离学校和图书馆都近，生活也方便。杨绛问好租赁条件，第二天就带钱锺书来看房，钱锺书也很喜欢这里。他们便通知金先生，新年后搬家。

钱锺书是习惯早睡早起的，杨绛却是晚睡晚起。搬家当晚，钱锺书倒头睡得香，杨绛却累得怎么也睡不着，第二天早上便起不来。钱锺书早早下厨，烤了面包，热了牛奶，煮了“五分钟鸡蛋”，还冲好香浓的红茶，伴着蜂蜜果酱，一齐端到杨绛的床头。杨绛没想到向来拙手笨脚的丈夫竟能做出这么丰盛的早餐，很是快乐。钱锺书因杨绛快乐，也非常开心，便给妻子做了一辈子早饭。

有了厨房，夫妻两个便开始像过家家似的研究做菜。他们去附近的便利店订了食物。打工的男孩每天早上用木匣子盛了食材，送到他们家门口，第二天再送时便将前一天的木匣子带回。订了什么东西，店主就记在账本上，每两周结一次账，很是方便。房主达蕾女士还租给他们炊具和餐具，他们很快就学会了用电灶和电壶。

此时杨绛“卷袖围裙为口忙，朝朝洗手作羹汤”。钱锺书想吃红烧肉，杨绛便学着做。杨绛开始总不得其法，做出来的肉又硬又咸。中国厨房用的酱油、醋之类的调味品，在伦敦很难买到。杨绛记起母亲做的橙皮果酱，很受启发，就去买了雪莉酒当黄酒用，用小火慢慢炖肉，竟也把肉炖得软烂。钱锺书大快朵颐，幸福不已。

但杨绛害怕杀生，所谓“君子远庖厨”是也。有次杨绛买了鲜虾来吃，剪虾须和虾脚时虾一阵抽搐。杨绛吓得把剪子一下子丢到一边，向丈夫哭诉：“虾都痛得抽抽了，以后咱们不吃了吧。”钱锺书大笑，告诉杨绛虾不会像人一样痛。以后吃虾，剪虾须虾脚的工作就由钱锺书承担了。

杨绛这时日日做饭，甘愿做“灶下婢”，钱锺书却十分担心妻子，怕她辛苦。他整日想着怎样不吃饭，免去妻子做饭之辛苦，甚至想学道家辟谷，还作诗曰：“卷袖围裙为口忙，朝朝洗手作羹汤。忧卿烟火熏颜色，欲觅仙人辟谷方。”但忧心归忧心，杨绛还是开开心心的，每天为丈夫做饭，盼他身体康健。

有了可心又可口的中餐，钱锺书能够日日吃饱，心情快活，人也渐渐胖起来。有次钱锺书给家里寄了一张照片，附信道：“爸爸，娘，近照一张，已变肥头胖耳之人矣！皆季康功也。”

杨绛对新租的房子很是满意。她平日非常珍惜时间，但住在金先生家时因为只有一个房间，只要有客人来，她便要停下手头的事接待，还不得不闻两三个小时的烟臭味。如今有两个房间，每次客人来，她给客人泡好茶，简略招呼一下便可以到另一个房间去读书，省去不少麻烦。在牛津的朋友以及钱锺书的同学也会偶尔来蹭饭，向达是钱锺书夫妇家里的常客。他那时是作为北平图书馆与大英博物馆交换馆员来英的，起先在大英博物馆抄抄敦煌卷子，后又到牛津大学图书馆帮忙编辑中文书目录。他寄宿在一户传教士家。那家天天土豆、顿顿土豆，他实在受不了，就常来钱锺书与杨绛这里换换口味。他常提及留学生间的八卦传闻，告诉钱锺书这里很多人评论钱锺书不合群，脱离群众，钱锺书听了只是笑笑，并不在意。

生活过得舒畅了，两人渐渐有了兴致胡闹。钱锺书虽看起来木讷，淘气起来却比十几岁的男孩子还要调皮。有次杨绛临帖时睡着，钱锺书午睡醒来，看妻子睡得香，便把毛笔用浓墨汁蘸了，轻手轻脚地在妻子脸上作起画来。他刚落笔杨绛就醒了。她发现后又好气又好笑，赶忙用清水洗脸。她皮肤本就白皙，又吃墨，无论怎样洗都会留一点墨印子，几乎把皮都洗破了。钱锺书知晓事态严重，就不再在妻子脸上画画，只会偶尔画了一幅妻子的肖像，添上眼镜和胡子，聊以过瘾。直到女儿出生以后，他才寻得好耍处，在女儿肚皮上画。杨绛发现后严厉地制止他，他才不画了。

房东家的家具都是拼凑的，床也是一对小铁床。夫妻两个将两张床拼在一起，就能相拥而眠。两人睡前会把枕头立起来，头靠在一起，共读一本书。他们的睡前读物内容很简单，大多是一些轻松的小说。杨绛读书不爱哭笑，但钱锺书读到开心处总要痴痴地笑，逗得妻子也跟着笑。钱锺书还喜欢给妻子讲故事，都是些道听途说不入流的“野史”，混着自己胡编乱造的情节，七拼八凑地糊起来的神奇小说。他每讲完一段，便要问妻子“啊”，意思是可曾听见。杨绛这时就会“嗯”地答应一声，有时明明困得迷迷糊糊，还是要提着精神答他一句“嗯”。答到最后，钱锺书睡了，杨绛反倒被自己的回答弄清醒、睡不着了。

杨绛在父母家时得母亲庇佑，并没有管家理财的经历。与钱锺书结婚后，杨绛发现钱锺书不擅持家，就开始负责起家庭预算来。她精打细算，宽打窄用，虽然余钱不多，但家里有事从未闹饥荒。日常里只要预算宽裕，她还会给钱锺书留出钱来买书。钱锺书很是佩服，便把所有钱财交给杨绛打理。这个习惯他持续一生。

日子渐渐过去，夫妻二人虽习惯了在牛津的日子，但开始想起家来。杨绛想家想得很苦，每星期写一封家书，但信要走两三个星期才能到家。好在翘首寄出信笺的同时，她总能收到上封信的回信。接到家书是杨绛最开心的事。每封家书，父亲都会亲自动笔写，问学业，问生活，也会附上几句诗，问夫妻二人可知出处。母亲也会亲笔附上几句，叮嘱琐事。姐姐和妹妹们也会叽叽喳喳跟着附笔。见字如面，一封家书上有几个亲人的笔迹，就好像他们一一挤在面前争着抢着和自己说话似的，杨绛很得慰藉。

钱锺书不像杨绛那样想家。他小时在伯父家过得并不幸福。伯母抽大烟无暇管他，伯父虽疼他，但去世得早。伯父去世后，钱锺书过得更苦，常常吃几口馊掉的粥就去上学。家人对待他这个长子颇为严厉，所以他并不很留恋那里。如今钱家也会寄信过来，但寄得少，内容无非是教诲学养之道之类的话，相比杨家的情真意切，总显得有些疏离。因此他对杨绛家热热闹闹的家书很欣赏，也羡慕杨绛童年时享受的快乐。杨绛每次回信，他总会附几句，问家里人好。妻子家庭的温暖关怀，多多少少弥补了他童年缺失的爱与温柔。

四

钱锺书英文很好，知识广博，才华横溢，在牛津念书时便小有名气。牛津当时有一富翁，名叫史博定（H.N.Spaldng），他弟弟（K.J.Spaldng）是汉学家，专研老庄哲学。富翁请钱锺书夫妻两个吃茶，让钱锺书放弃庚款奖学金，停止攻读文学学位，转去读哲学，以后做他弟弟的助手。在富翁看来，中国的奖学金不值一提，但钱锺书当即拒绝了他的提议。投靠外国富翁这种事，钱锺书是决计不干的。事情过后，杨绛与他们还有来往，富翁的弟弟还常请他们到他那里去吃下午茶，借此请教问题，劝钱锺书改变主意，但钱锺书始终不为所动。

那时牛津大学的学风并不全然是好的。在校读书的学生，多半是贵族学校毕业的阔家子弟，他们临到考试前才抱佛脚，平时夜里就去喝酒胡闹。牛津大学还有一项必须遵守的规矩：学生每周得在所属学院的食堂里吃四五次晚饭。吃饭，就是要证明这学生住校。在牛津，“吃饭比上课更重要”。但学院食堂伙食费昂贵，又耗费时间。学校体谅钱锺书有家室之累，就许他每周只在食堂吃两次饭。钱锺书所在的学院每名学生有两位导师，一位是学业导师，一位是品行导师。很多品行导师整日忙着保释学生，焦头烂额，而钱锺书的品行导师却非常悠闲，不过时常请夫妻二人喝喝茶叙叙话罢了。

牛津大学每年有三个学期：第一个学期自十月开始，每学期八周，然后放六周假，第三学期结束后便放暑假。暑假有三个月长。假期一到，纨绔子弟们便四散旅游散心去了。钱锺书与杨绛就留在学校，继续“饱蠹”。待暑假钱锺书考试结束后，两个人才开始度假，去伦敦、巴黎“探险”。

牛津幽静，像一座开放的花园，伦敦则充满了洋派的、快乐的气息。钱锺书的堂弟钱钟韩原本在伦敦读书，此时正趁着假期，骑自行车环北欧旅行呢。钱锺书没有这等本事和气魄，只有敬佩羡慕的份儿。他乐得跟杨绛逛逛伦敦市区。两人从伦敦东游荡到伦敦西，富庶与贫穷都得以见识，眼界开拓了很多。他们逛了市中心的公园，看了动物园和植物园，见了特拉法广场和旧书店，还拜访了一些在伦敦的同学。后来他们又转道巴黎，但没来得及遍访朋友，便要赶赴日内瓦参加第一届世界青年大会了。钱锺书是由国内拍电报指派去的，杨绛则是通过一位共产党朋友，受托参加大会的。到牛津大学以来，杨绛始终以借读生、陪读的身份生活，略略有些边缘感。这次参加大会，因为自己有身份有任务，并不是陪同，她很是自豪。赴日内瓦的路上，两人遇到陶行知。三人一见如故，彻夜长谈。

钱锺书同样不爱参与政治。这次开会，发言者理应是政府的特派代表，但钱锺书不太喜欢这个身份。而共产党代表则要争取在国际上获得更多发声的机会，于是钱锺书就把中国青年向世界青年致辞的稿子交给杨绛，让她作为代表发言。

每逢重要的会，两人是不会缺席的。可以溜号的会，他们则是能溜就溜。日内瓦莱蒙湖的山光水色静谧唯美，夫妻两个很喜欢沿着湖边走一走。山白水蓝，鸟鸣清风，水波粼粼，漫步于此，让人忘记时间。执手相望的夫妻，仿佛这时才真正许下余生共度的诺言：任斗转星移，岁月流转，再也不会有什么可以将他们分开。他们在世上有了扯不断的纽带。

杨绛怀孕了。

“我们仨”

一

杨绛妊娠反应很大，难受得厉害。由日内瓦回牛津的路上，有个同行的加拿大女代表让杨绛躺平，将杨绛的身子抱在膝上，另一名女伴来回穿梭于车厢之间，将毛巾打湿了给杨绛敷额头。杨绛个子不高，长得白净，看起来年纪很小，她们就称她为“Chinese little girl”，关切备至。钱锺书因此对加拿大人印象很好，觉得他们兼具法国人的热情与英国人的真诚。

两人路过巴黎，又在那里逗留了一段时间。杨绛清华时的同班同学盛澄华在巴黎大学读文学，听说夫妇二人有意去巴黎大学进修，就建议他们赶快注册。因巴黎大学较牛津大学管理更自由，学生不需要吃饭以证明本人在校，二人便委托盛澄华办理入学，成了巴黎大学的学生。

钱锺书还是要返回牛津大学去，因为他需要完成毕业论文才能拿到学位。二人便回到牛津，仍在达蕾女士家居住。这时达蕾女士家另一位租客已经搬走，她就让夫妻两个住到更好一点的房间去。新房间有大澡盆，热水是电加热，方便不少。两人享受了一个月，付房租时才发觉电费惊人，赶忙节约热水。

钱锺书的毕业论文是《十七世纪及十八世纪英国文学里的中国》。文章旁征博引，包罗众广，十分精彩。在西南联大任教时，钱锺书将这篇论文打印出来，交由联大图书馆总负责人出版。英国女王 1986 年访华前夕，还曾调阅此文。

在发力用功的同时，钱锺书也未疏忽对妻子的照顾，闲暇时他总要替妻子分担家务。钱锺书喜欢女孩，曾对妻子讲：“我不要儿子，我要女儿——只要一个，像你的。”杨绛却宁愿孩子更像丈夫。开始她对这个孩子不以为意，觉得胎儿在肚子里，便由他去，仍计划做自己的事。谁料怀孕竟是如此辛苦，她常觉疲累，精力不济，读书的量也减少了。这年钱锺书年底记录二人读书情况时，在日记中写道：“晚，季总计今年所读书，歉然未足……”又打趣她：“以才媛而能为贤妻良母，又欲作女博士……”钱锺书的嘴巴向来毒，向达曾打趣他：“别人都是口蜜腹剑，你是口剑腹蜜。”好在妻子懂得他，两人拌嘴逗趣，你来我往，互相不甚介意。

嘴上利剑出了鞘，腹中蜜糖还在酝酿，钱锺书早早去医院定下单人病房，还拜托院长介绍专家大夫。院长问：“要女的？”锺书答：“要最好的。”院长就帮他们介绍了斯班斯大夫，他家正好离杨绛的住所不远。

那年英国国王乔治六世将于 5 月 12 日加冕。斯班斯大夫给杨绛做了检查，推测她将生一个“加冕日宝宝”。但这个孩子好像并不急着出生看热闹，预产期过了一周，孩子迟迟没有动静。

5 月 18 日，杨绛住院待产。入院当天疼痛尚不剧烈，她能躺着看完一本小说，还陪钱锺书吃了下午茶。到了 19 日，分娩的征兆越来越明显，杨绛使尽浑身力气仍不能生下孩子。时间越拖越长，情状万分凶险，最终，斯班斯大夫给杨绛打了麻药，用产钳生生把孩子夹了出来。

许久之后，杨绛从昏迷中醒来，发现自己被严严实实地包裹在法兰绒被子里，脚后跟还有个热水袋，肚皮却瘪了下去。她全身都痛，痛到骨缝里，动都不能动。她问护士："怎么回事？"护士答："你做了苦工，很重的苦工。"

杨绛的孩子是在这家医院里出生的第二个中国宝宝。由于分娩时间过长，孩子缺氧，出生时已经浑身青紫，是护士拼命使劲拍，才把孩子拍活的。宝宝死而复生，脸被产钳夹得通红，仿佛受了什么委屈，放声大哭。她嗓门奇大，护士们都喊她"Miss Sing High"。杨绛将这个名字翻译成"高歌小姐"，又音译成"星海小姐"。

钱锺书不能住在医院陪护，但妻子生产，他心里着急，一个上午往医院跑了三次。坐公交不能从住所直达医院，他就步行。第一次来，他得知妻子生了女儿，正合他意，但妻子正在昏迷，他没能见着；第二次来，妻子还没醒；第三次来，他终于见到妻子，但她麻药未退，昏昏沉沉，没能与她说上话。到了下午，钱锺书又来，杨绛终于醒了，听说他已经来来回回走了七趟，怕他累着，就让他坐汽车回去。

护士将孩子从婴儿室抱出来给钱锺书看。新爸爸抱着孩子仔仔细细端详，过了好一阵子，才开心地说："这是我的女儿，我喜欢的。"

都说分娩是婚姻的照妖镜，自私无爱的男人，无论平时如何体贴，都会在妻子分娩时原形毕露。分娩是女人一生的大事，这时的女人疼痛万分，绝望无助，万事都要依赖家人，诞下的却是两个人的骨血。若遇良人，丈夫担心妻子冷热，体谅妻子的虚弱，妻子便会无怨无悔地忍受痛苦，撑起一个家的天。若是这时丈夫临阵脱逃，妻子所受的伤痛，一生都将无法弥补。

钱锺书心疼妻子分娩之痛，以后的日子，每当女儿过生日，他总会对女儿强调这是"母难之日"。他再也没有要第二个孩子，说若下一个孩子好过女儿，他会更喜欢二宝，这样对女儿不公平。杨绛笑丈夫是在讲痴话。在外人看来，这没头没脑的借口，是不是“口剑腹蜜”的丈夫对妻子最柔软的怜爱呢？

妇产医院床位紧张，单人病房的产妇至多住十天便出院了。杨绛体弱难产，破例多住了一段日子，几乎在医院坐完月子。杨绛住院的日子里，向来依赖妻子生活的钱锺书手忙脚乱，闯了一堆“祸事”。他每天都来探望妻子，有时会苦着脸向她求助：“我做坏事了。”原来他不小心打翻了墨水，把房东的桌布染黑了。

杨绛说：“不要紧，我会洗。”

“墨水呀！”

“墨水也能洗。”

他就放心地回去了。下次来他又苦着脸，说自己把台灯砸了。

杨绛问明是什么样的灯，说：“不要紧，我会修。”他又放心地回去了。

下次他又满面愁容，说把门轴弄坏了。杨绛又说：“不要紧，我会修。”他又一次放心地回去了。

钱锺书向来很信赖妻子的“不要紧”。他们去伦敦时，钱锺书额骨上生了一个疔，看起来非常严重。有人向他们介绍了一位护士，护士教杨绛做热敷，慢慢拔除脓栓。杨绛做得很认真，不久果真将最后一点脓栓连根拔除，钱锺书脸上一点疤痕都没留。他很感谢妻子，将妻子看作女神一样的人物。只要她说“不要紧”，再难的事，钱锺书总会放下心来。

杨绛不仅会读书，生活里遇到难事也从不含糊。有次杨绛被反锁在屋外，钱锺书不在，钥匙也落在房间里。她记得阳台上有扇窗没关，就借了园丁的梯子爬到二楼。那扇窗很高，只开了一半，杨绛竟跳起来，用手扒住窗沿，像在单杠上做 180 度转体似的，硬是生生把自己甩进房中。若不是有小时淘气爬树、大学参加排球队锻炼出的好身体，她怕是完不成这样高难度的动作的。

果然，杨绛出院以后，把桌布洗得干干净净，一点墨水印子都没有，又将台灯、门轴一一修好。钱锺书对她更是信任。

杨绛怎么也没想到，月子里的最后几天，向来不会料理生活的钱锺书竟给她端来了亲手熬制的鸡汤。鸡汤清亮，上面还飘着几瓣绿色的豆瓣。杨绛喝汤，钱锺书吃肉，夫妻甜蜜无言。生活的美妙，大概都在这一处了吧。

二

钱锺书通过了论文答辩，获得学位，一家三口便动身前往巴黎。他们的女儿名叫钱瑗，小名阿圆。钱基博老先生给她取了个名字叫健汝，因她属牛，取“牛丽于英”之意，名丽英。夫妻两个觉得拗口，平日还是叫她圆圆。

一家人从牛津乘火车到伦敦，换车到多佛港口，上渡船过英吉利海峡，由法国加莱港登陆，然后再转火车到巴黎，一路换乘，舟车劳顿。这时圆圆才一百多天大，需要人抱。钱锺书不会抱孩子，杨绛就把打字机一类本应手提的行李一股脑塞在大箱子里，手里只留两个小箱子。钱锺书只提这两个小箱子，杨绛抱不动孩子了，就跟钱锺书换换手。圆圆长得很可爱，皮肤白皙细腻，很像妈妈。路遇的英国人或法国人对她多有称赞，母亲杨绛不免得意。

船到港口，要排队下船。法国的港口管理人员一眼从人群中看到抱着婴儿的杨绛，便请她出来，优先下船。杨绛不用排队，第一个入海关，很是悠闲。海关工作人员都凑过来看这个粉雕玉琢的中国宝宝，连开箱检查行李的环节都免了。杨绛非常赞赏法国人关心妇孺的风度，觉得这一点法国好过英国。

他们在巴黎住的公寓是同学盛澄华帮忙租的，夫妻两个对这个住所很满意。房东咖淑夫人以前是邮务员，退休后用退休金买了一幢房子专门出租。公寓离车站很近，到市中心只消五分钟。咖淑夫人擅长料理，烧得一手好菜。钱、杨二人刚搬来时跟她一起吃饭，付伙食费。伙食很丰盛，菜是一道一道上的，可以称得上隆重，价格也不贵。但钱锺书与杨绛都很珍惜时间，每顿饭花费两个小时，对他们来说非常不值。哺乳期的杨绛很喜欢喝些汤汤水水，但法国菜里没有中国产妇想象中的那些汤。她就利用起公寓的厨房，自己做饭。钱锺书自告奋勇，负责去集市买菜。

巴黎大学管理自由，学费较英国便宜，许多中国留学生在此读书。钱、杨夫妇在巴黎时，除与盛澄华走动，还结识了不少朋友，尤其与1934 届清华大学毕业的李伟亲密。李伟的丈夫林藜光此时正研究梵文，攻读法国国家博士，治学严谨，钻研刻苦。两对夫妇兴趣相投，来往颇多。林藜光好客，经常备好酒菜请、钱杨做客，钱、杨也得以结识更多在巴黎的中国人。但他们惜时如金，对巴黎流行的咖啡沙龙参与不多，更何况还有孩子要照顾。

林、李的儿子与圆圆同年同月生，也算缘分。两家常聚在一起探讨育儿心得。他们本来都有意将孩子送到托儿所，自己可以多出时间做事，但听说孩子在托儿所要接受定时吃喝拉撒睡的训练，觉得有违孩子天性，非常心疼。在最后关头，两家都还是选择将孩子留在身边，亲自照顾。

圆圆到了牙牙学语的年纪，非常乖巧活泼。杨绛为女儿买了一辆崭新的手推车，得空就带女儿到室外晒太阳。女儿胆子大，喜欢五彩缤纷的世界，最早学会的话不是爸爸妈妈，而是“外外”，就是要到外面去玩耍的意思。

有个女邻居特别喜欢圆圆。她的丈夫是公务员，每天早出晚归。她没有孩子，一个人在家无聊，便喜欢来逗圆圆玩。钱、杨二人出门的时候，偶尔也会将圆圆暂时托给她照料，付她报酬。她还想把孩子带到乡下去养，劝钱锺书和杨绛说乡下空气好，牛奶菜蔬都好，对孩子成长有利，他们去探望也方便。其实在到巴黎之前，杨绛便听说有许多留学生念书期间生了孩子，他们就会把孩子送到托儿所或者送到乡下，有时间才去探望，自己做事非常自由。杨绛也曾有过这样的打算。女邻居为了试验圆圆是不是适应离开爸爸妈妈，还曾把圆圆的小床搬到她的卧室，让圆圆跟她睡了一夜。圆圆倒是乖巧，不哭不闹睡得香甜，她的爸爸妈妈却牵肠挂肚，整夜都没合眼。好在女邻居并没有将圆圆带到乡下，毕竟她的丈夫还要在巴黎上班呢。钱、杨夫妻两个知道了，心里仿佛有一块大石落了地，再也不想跟女儿分开了。

没有孩子时，母亲总过分看轻了自己对孩子的情感。一旦孩子在自己身体里扎了根，与自己血脉相连，便有了做母亲的责任心；一朝分娩，就像把最珍贵的宝贝摆在眼前；一旦宝贝不见了，便怅然若失，好像生命都被抽离了。此时的杨绛，已然懂得了做母亲的爱与沉重。

夫妻二人觉得，在牛津大学时为学位所累，学了很多不必要的课程，浪费时间与心力；这次在巴黎大学，他们就不求学分学位之类的虚无，虽然仍向学校交学费，但只选自己喜欢的课去听，大部分时间都用来读书。

他们在家读书时，就把圆圆放在高凳上，买一大册丁尼生的全集摆在她面前，还给她一支铅笔。丁尼生全集很便宜，圆圆可以拿铅笔在书上随意画。她对着父母，有样学样地盯着书看，一坐坐好久，不哭不闹，非常乖。后来杨绛想到这里，总觉得非常内疚，后悔自己没能经常逗逗圆圆。那时小圆圆的娱乐，几乎只有被邻居阿姨抱去唱儿歌的经历。

钱锺书书读得扎实，总是一日读中文书、英文书，隔日读法文书、德文书，后来还加上一点意大利文书。他与杨绛都是极自律、惜时如金的人，在家读书的效率比在学校高得多。钱锺书尤甚。刚到法国时，两人一起读福楼拜的《包法利夫人》，钱锺书遇到的生词比杨绛多；一年后，他的法语水平就远超杨绛了。他们读的书大部分是托盛澄华向图书馆借的，偶尔他们也会去旧书市场去淘。旧书价格便宜，常能淘得“宝贝”，二人很是喜欢。

在巴黎的一年里，钱、杨夫妻两个虽未上很多课，但大量的阅读使二人的外语水平迅速提升。法国多元化的交流环境也使得他们眼界大为开阔。但好景不长，战争改变了一切。

三

他们在牛津时，就听闻祖国已被日军全面进犯的消息。起初家人只是在信中讲，后来战火真真切切地蔓延到他们自己身上。杨绛分娩前，母亲还在家书中叮嘱，让他们仔细看着点孩子，不要让医院抱错；父亲则打趣道，不要抱了个金发碧眼的孩子回家，信间满是慈爱欢笑。谁料写过这封信后，家人便去逃难了，杨绛与家里人的通信一度中断。她想象不到亲人在战乱中经历着什么，只是心急如焚。到法国后，只有姐姐写了几封信给她。她总觉得不对，家里少了一个声音。母亲怎么不说话了？再三寄信去问，姐姐才告诉她，一年前便已经去世了。

这是杨绛经历的第一件大伤心事，哭得天昏地暗。杨绛很爱母亲，因为母亲总是那样忙碌、平和、与世无争。三个姐姐出生时，父亲在外留学还未毕业，母亲一人带三个孩子，还要照顾一大家子人，把一切打理得井井有条。父亲刚正不阿得罪当局，被停职，被排挤，母亲对父亲毫无怨言，每次丈夫工作变动，她都将全家行李收拾得妥妥贴贴，无怨无悔地与他奔波千里。她孝敬老人，照顾丈夫的妹妹、侄子，又对孩子给予无限爱意。她对八个孩子都很慈爱，并不因哪个孩子更出色就偏袒。她心善，对下人都真心相待。杨绛佩服母亲，尊敬母亲，又心疼母亲。她自己才做了一年母亲，刚刚体会到母亲的不易，还没来得及报答自己的母亲，就永远失去了母亲。

远在祖国的父亲，同样因失去一生挚爱而锥心刺骨。1937 年，日本空袭苏州。杨家房子比一般的民居高，非常显眼，敌机绕着它来回盘旋。那时杨绛的弟弟在维也纳求学，七妹妹在上海，家里只有父母和大姐、八妹。一家人互相搀扶着，从前院躲到后园，又从后园躲到前院，精神极度紧张，紧张到什么都吃不下，直腹泻。第二天，杨氏夫妇就带着两个女儿，一齐逃到苏州城外的香山，暂住在一位曾经的委托人家里。这年秋天，唐须嫈得了恶性疟疾。病来势汹汹，她高烧不退，无法移动。香山眼看要被攻破，邻居全都逃难去了，他们住的房前全是战壕，一片狼藉。妻子没办法逃，杨荫杭就让大女儿带妹妹先走，自己打算与妻子同生共死。大女儿宁死不从，誓要与家人共进退。唐须嫈病虽险恶，但若是和平环境，找一位医术高明的大夫医治，并非没有痊愈的可能。但此时炮火连天，狼烟四起，到哪里去寻大夫呢？

苏州沦陷的前一天，唐须嫈去世。她到死，都在为丈夫与孩子着想。

杨荫杭用几担大米换了一口棺材。那天国民党的军队在撤退，杨荫杭和女儿抬着棺材，就在军人队伍里穿行，给唐须嫈下葬。他们想办法请人在棺材外边砌了一座小屋，厝在坟地上。杨绛回忆起有次偶然听得父母间的谈话：

> 有一次，我旁观父母亲说笑着互相推让。他们的话不知是怎么引起的，我只听见母亲说："我死在你头里。"父亲说："我死在你头里。"我母亲后来想了一想，当仁不让说："还是让你死在我头里吧，我先死了，你怎么办呢？"当时他们好像两人说定就可以算数的。我在一旁听着也漠然无动，好像那还是很遥远的事。

陪着走了几十年的爱人走了，她没有遵守死在后头的诺言。向来坚强如钢的杨荫杭，在荒野里失声痛哭。

杨荫杭在棺木上、砖头瓦片上、周围树干上、地面石板上，凡是能写字的地方，都写了自己的名字。他反对迷信，讨厌旧俗，但此刻他只想留点记号，让妻子归魂时找得到家。

他们四处奔逃，但所到之处不是被土匪霸占就是被敌军占领。四海之大，竟无处安身，他们只好冒险逃回苏州。苏州已是一座死城，万籁俱寂，尸横遍野，一文堂却灯火通明，很热闹。杨绛大弟的奶妈家的人本该是留下看房子的，此时却正同他们的乡亲"各取所需"呢。好在家里还剩些存米，可以煮饭。日本兵每日黄昏吹号归队以后，就挨家挨户找"花姑娘"。杨绛的大姐和小妹妹逃难时就剃了光头，扮成男孩。家里还剩一个一起逃难的女佣。每当日本兵来时，杨荫杭就出门用日语与他们周旋，姐妹二人连同女佣都躲起来，连吃饭用的碗筷都要藏好。女佣越是紧张呼吸声音就越大，有时大如打鼾。姐妹时常担心——只要日本人进屋，她们肯定会被日本人从柴堆里揪出来。

曾经为杨荫杭写过状子的书记员在当地“维持会”谋了个差事，杨荫杭托他给在上海的三女儿送信。三女婿通过一位企业界知名人士的帮助，把杨荫杭和两个女儿接到上海。三人从苏州逃出来时，身上只有一身破衣服和一个小小的手巾包。

远在巴黎的杨绛此时有钱锺书宽慰，稍稍可以撑过最难过的日子，但二战的阴影同样笼罩在法国上空。当时巴黎的社会环境极度糟糕。钱、杨到英国办理户籍时，工作人员上门服务，态度友善，还夸奖照片上的人像明星。此时的法国，办事需排长队，有事几天也不得解决。钱锺书听得“偏方”，在递交的材料里夹了些钞票，事情果然很快办妥。夫妻二人常常感叹：“法国将亡矣。”此时国内战事吃紧，牵动人心。钱锺书曾作《哀望》一诗，倾吐国破之悲。

白骨堆山满白城，败亡鬼哭亦吞声。
熟知重死胜轻死，纵卜他生惜此生。
身即化灰尚赍恨，天为积气本无情。
艾芝玉石归同尽，哀望江南赋不成。

庚款奖学金还可以延续一年，但于国于家，他们都觉得需要回国。战争已经影响到生活，他们买不到回国的船票。辗转拜托多人，他们才通过里昂大学买到了回国的三等舱船票。

钱锺书在给友人的信中写道：“我们将于9月回家，而我们已无家可归。我们各自的家虽然没有遭到轰炸，都已被抢劫一空……我的妻子失去了她的母亲，我也没有任何指望能找到合意的工作。但每个人的遭遇，终究是和自己的同胞结连在一起的，我准备过些艰苦的日子。”

1938年，钱锺书与杨绛携钱瑗回国。他们从祖国到英国时，从从容容，买的是二等舱船票，吃的是像样食物，旅途很是惬意。不过三年光阴，天翻地覆。杨绛因来英时船上伙食并不差，没有准备吃食，但回国船上住的三等舱非常拥挤，饮食极差。圆圆才断奶两个月，只能天天吃土豆泥。圆圆不挑食，在巴黎时吃面包蘸蛋黄，吃牛肉汁水，吃通心粉，白白胖胖，非常可爱。但此时因为营养匮乏，圆圆迅速变成瘦瘦小小的孩子。杨绛为此自责不已。

钱锺书回国前向国内发信求职，外交部、《天下月刊》和上海西童公学都向他递了聘书。西南联合大学文学院院长冯友兰聘他做外文系教授，月薪三百元。留学生归国任教，往往先做讲师，再逐级擢升，聘钱锺书为教授则属破格提拔。钱锺书乐得回母校，欣然应允。受战事影响，这所由北大、清华、南开三校合并的学校已由长沙迁往昆明。杨绛当然希望与丈夫同行，但更为家里的爸爸姐妹们焦心，于是她决定独自带圆圆回家，钱锺书一人赴任。

船行至香港，钱锺书独自一人坐了小船离开。圆圆自出生后就没有离开过爸爸。她这时还小，不会讲话。妈妈抱着她，看爸爸站在船上，背影越来越远，越来越小。小孩子虽不会讲话，却是有灵性的。她是不是在想，爸爸为什么自己走了？爸爸是不是不喜欢圆圆了？爸爸什么时候回来？但妈妈没有向她解释，她也不能向妈妈讲出心里话。她紧紧盯着爸爸乘坐的小船，看得直发呆。

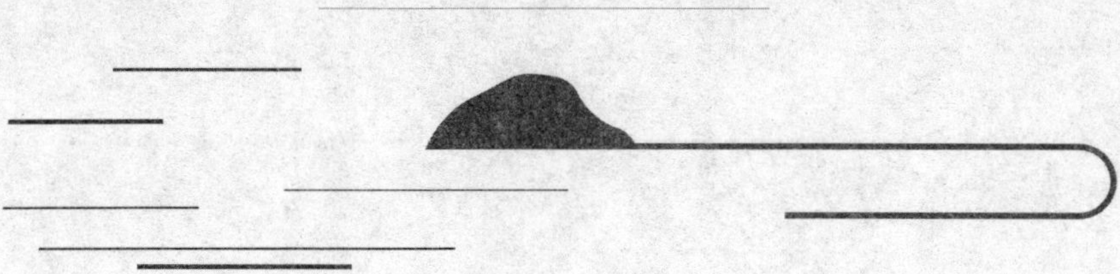

第三章

大河流转

沉浮于人海

一

在英、法时，杨绛总是想家。近乡情更怯，魂牵梦萦的家马上就要在眼前了，杨绛却像不敢相信似的。每想一次家，她就要狠狠掐自己大腿的肉，怕是梦。苏州那所高大的房子，满是绿荫的后园，父母开心的笑好像马上就能看到了、听到了。忽然，就跟梦醒了似的，她眼前的一切都变了。

钱锺书的家人这时已经逃到上海。他的弟弟和一个亲戚一道，把杨绛和圆圆接到了辣斐德路的钱家。这是钱锺书的叔叔花大价钱租来的一套三层弄堂房。那时战争四起，上海租界就成了孤岛，全国各地的人都跑来避难。人多地少，一房难求，租金飞涨。

叔叔一家住在三层大房间和二三层之间的亭子间，钱基博夫妇带着钱锺书的三弟钱钟英和妹妹钟霞住二层，钱锺书的二弟钟纬夫妇和儿子住一二层之间的亭子间。厨房由钱基博家使用，叔叔家就在三楼晒台上搁了个炉子，权当厨房，两家分灶。底层客堂两家共用，中间放一张桌子，是孩子们学英语的地方。杨绛与圆圆回来，就与弟媳和侄子住一二层的亭子间，钱钟纬则挤到父母房间去住。

家里添了个可爱的小女孩，钱家全家都很开心，围在一起盯着圆圆看。圆圆见一群陌生人像在动物园里看动物一般把自己围住打量，非常警惕。这里的环境与法国太不一样了，亲人又只剩了妈妈一个。

她把小拳头攥得紧紧的，对企图上来拉她手的人决绝地大喊“non non”，又很不淑女地像一条小狗似的低吼“r……”。

杨绛此前从未教圆圆法语，估计这一两句是邻居太太教的。至于小舌音“r”，大概也是圆圆听了周围人讲法语，无师自通的。钱家人觉得很新奇，称圆圆“打花舌头”，还让她“再打个花舌头”。圆圆仿佛听得懂，又“r……”了起来，全家人就大笑。

后来圆圆渐渐看懂了周围人的意图，也不“r”了。她本意是威胁，结果被当作卖艺，心里大概不爽快。说来奇怪，这门小舌音语言技术，随着语言环境的改变，竟被圆圆彻底放弃，再也不用了。

到上海的第二天一大早，杨绛就焦急地带上圆圆去看父亲。三姐闰康家在上海有花园洋房，住得舒服，杨荫杭就暂住她家。此时闰康在大华医院生孩子，杨绛到家只见到父亲和大姐、妹妹。杨荫杭见了杨绛与圆圆，很是开心。自从妻子去世，他郁郁寡欢，睡眠极差，要靠服用大量安眠药才能睡着，整日昏昏沉沉。见了女儿和圆圆，他眼中好像一下子有了光彩。圆圆在外公家一点都不凶，仿佛知道这些都是极亲近的人，只是乖乖地看。杨荫杭将圆圆抱在膝上，姨妈们拉拉她的手，摸摸她的头，叫她“圆圆头”。杨荫杭想与圆圆同住，又不愿让三女儿为难，就从宽敞的洋房搬出来，另寻住处。

上海房源紧俏，杨荫杭好不容易寻得一个住处，地方很小，房租却贵。杨绛带着圆圆，时而住在父亲家，时而在公公家“做媳妇”，尽儿媳本分。她与妯娌小姑间共同话题不多，但不能总是躲在一边，更不好当着她们的面看书。为了避免尴尬，她就搬了一台缝纫机放到走廊，不停地做衣服，直做得汗水涔涔。她孝敬婆母，也对妯娌小姑们照看得周全，任劳任怨。虽然“孤岛”里日子过得苦，因为家人都在一起，反而多了很多幸福和快乐。杨荫杭因为有了圆圆，神色渐渐清朗，安眠药停了，身体也慢慢好起来，不久便在震旦女子文理学院教一门《诗经》，聊以消遣。他不喜欢叫圆圆“外孙女”，也不喜欢“外公”这个叫法，说没有什么“内孙”“外孙”的差别。女儿和儿子家的孩子，在他这里是一样看待的。

但杨荫杭在上海的朋友却是越来越少了。有次他从公园散步回家，说外面流传杨某眼睛瞎掉了。杨绛很吃惊，这传言当然是指向父亲的，便问是怎么回事。原来是杨荫杭碰到一个新做了汉奸的熟人，心里讨厌，没与熟人打招呼便径自走开了。熟人生气，骂他目中无人。后来又有朋友许久不到家里做客，杨绛奇怪，父亲答那人怕是没脸来了，原来朋友也“下海”了。

他一直惦念着妻子在乡间的棺椁，想尽快好好安置她。他为妻子厝的那间小房子，只有他记得在哪里。他在苏州灵岩山绣谷公墓买了一块墓地，准备将妻子从香山迁到墓地去。杨荫杭有个过去的委托人，曾对唐须嫈磕过头。听说杨荫杭有心迁坟，这个委托人便特意从苏州赶到上海陪他下乡。那时乡间很乱，常有贼人出没。杨荫杭摘掉眼镜，穿上一件破棉袍，戴上一顶破毡帽。事后听陪去的人笑说，杨荫杭化装得一点不像，一望而知是知识分子，而且像个大知识分子。

他还是完成了任务，将妻子的棺椁带回公墓。几个孩子去看时，只见棺木漆得乌亮。他们看不见母亲，只能掏出手绢，将棺木仔仔细细地揩拭得干干净净。杨荫杭指挥工人们将棺材放入水泥圹，倒下一筐筐的石灰。棺材全埋在石灰里，随后就用水泥封上。他对杨绛说，水泥最好，因为打破了没有用处；别看石板结实，如逢乱世，会给人撬走。

趁着安葬母亲，一家人有机会回了苏州老宅。昔日精心布置的院落，此时已面目全非。杨绛眼看大厦起，又看大厦衰，沧海桑田，早已将身外浮云看得分外淡。

我们到苏州，因火车误点，天已经很晚。我们免得二姑母为我们备晚饭，路过一家菜馆，想进去吃点东西，可是已过营业时间。店家却认识我们，说我家以前请客办酒席都是他们店里承应的，殷勤招待我们上楼。我们虽然是老主顾，却从未亲身上过那家馆子。我们胡乱各吃一碗面条，不胜今昔之感。

我们在二姑母家过了一宵，天微亮，就由她家小门到我家后园。后园已经完全改了样。锺书那时在昆明。他在昆明曾寄我《昆明舍馆》七绝四首。第三首“苦爱君家好苍坊，无多岁月已沧桑，绿槐恰在朱栏外，想发浓荫覆旧房”。他当时还没见到我们劫后的家。

我家房子刚修建完毕，母亲应我的要求，在大杏树下竖起一个很高的秋千架，悬着两个秋千。旁边还有个荡木架，可是荡木用的木材太顽，下圆上平，铁箍铁链又太笨重，只可充小孩子的荡船用。我常常坐在荡木上看书，或躺在木上，仰看“天澹云闲”。春天，闭上眼只听见四周蜜蜂嗡嗡，睁眼能看到花草间蝴蝶乱飞。杏子熟了，接下等着吃樱桃、枇杷、桃子、石榴等。橙子黄了，橘子正绿。锺书吃过我母亲做的橙皮果酱，我还叫他等着吃熟透的脱核杏儿，等着吃树上现摘的桃儿。可是想不到父亲添种的二十棵桃树全都没了。因为那片地曾选作邻近人家共用的防空洞，平了地却未及挖坑。秋千、荡木连架子已都不知去向。玉兰、紫薇、海棠等花树多年未经修剪，都变得不成模样。篱边的玫瑰、蔷薇都干死了。紫藤架也歪斜了，山石旁边的芭蕉也不见了。记得有一年，三棵大芭蕉各开一朵“甘露花”。据说吃了

“甘露”可以长寿。我们几个孩子每天清早爬上“香梯”（有架子能独立的梯）去搞那一叶含有“甘露”的花瓣，“献”给母亲进补——因为母亲肯“应酬”我们，父亲却不屑吃那一滴甜汁。我家原有许多好品种的金鱼，幸亏已及早送人了。干涸的金鱼缸里都是落叶和尘土。我父亲得意的一丛方竹已经枯瘁，一部分已变成圆竹。反正绿树已失却绿意，朱栏也无复朱颜。“旱船”廊下的琴桌和细瓷鼓凳一无遗留，里面的摆设也全都没有了。我们从荒芜的后园穿过月洞门，穿过梧桐树大院，转入内室。每间屋里，满地都是凌乱的衣物，深可没膝。所有的抽屉都抽出原位，颠横倒竖，半埋在什物下。我把母亲房里的抽屉一一归纳原处，地下还拣出许多零星东西：小钥匙，小宝石，小象牙梳子之类。母亲整理的一小网篮古瓷器，因为放在旧网篮里，居然平平安安躲在母亲床下。堆箱子的楼上，一大箱古钱居然也平平安安躲在箱子堆里，因为箱子是旧网的，也没上锁，打开只看见一只只半旧的木盒。凡是上锁的箱子都由背后划开，里面全是空的。我们各处看了一遍，大件的家具还在，陈设一无留存。书房里的善本书丢了一部分，普通书多半还在。天黑之后，全宅漆黑，据说电线年久失修，供电局已切断电源。

父亲看了这个劫后的家，舒了一口气说，幸亏母亲不在了，她只怕还想不开，看到这个破败的家不免伤心呢。

二

杨绛的三姨母家有个姐姐，听说姨丈家在上海住得挤，就把姨夫一家都接到来德坊的家中住。她的丈夫在外地工作，她就与婆婆、妯娌合住二楼，将母亲安置在四楼，三楼两间向阳的大房间则留给姨丈一家人。杨绛带圆圆随着杨荫杭一道搬来，有了一间宽敞的卧室，从此她便常住娘家。来德坊与辣斐德路距离不远，杨绛也能常有机会探望婆婆，一家人都能周全。

战事仍在继续，杨绛的母校振华女校艰难度日，朝不保夕。校长王季玉办学有方，本已将振华中学办成一所完备的现代学校，但战争爆发后，她坚决不肯在日本人手下办事，更不肯将振华女校交由日本人管理。迫不得已，她决定将学校迁到日本人尚未踏足的上海租界。王季玉在教育界享有盛名，非常时期抛头露面无疑会带来诸多麻烦，她想另请校长，便找到了自己回国不久的学生杨绛。

师生重逢，恍若隔世，分外感慨。杨绛发现自己的老师两鬓灰白，面容枯瘦，几乎没了当年的风采。她还未来得及问老师的现状，王季玉便直截了当地讲："我有事求你。"王季玉直言自己准备在上海复校，想让杨绛帮一把。

杨绛有些迟疑，还是答应"扶一把"昔日老师，助她办学。但她万万没想到，王季玉先生要她做的，是学校校长。

杨绛心里有一千一万个不愿意，因为从小父亲便再三教她不要做官，她也自认为绝非行政人才。让她做校长，就像是"狗耕田，牛守夜"，但校董不由分说便在教育局备了案，有些"黄袍加身"的强迫感。杨绛觉得窝囊，就回父亲家问主意。杨荫杭做过振华校董，了解王校长的人品，对她兴教育之业的志气十分欣赏，沉思片刻便答："此事做得。"

但杨绛的公公钱老夫子并不满意杨绛去做校长，他挖苦道："谋什么事？还是在家学学家务。便是做到俞庆棠的地位，也没甚意思。"

俞庆棠是钱家世交唐文治先生的儿媳，曾任江苏省立教育学院教授兼校长、上海市教育局社会教育处处长、联合国教科文组织中国委员会会员。杨绛听了未作声。杨荫杭知道钱基博如此态度，很是不满：“钱家倒很奢侈，我花这么多心血培养的女儿就给你们钱家当不要工钱的老妈子！”

杨绛还是做了振华女校的校长，开始像“狗耕田”一样工作。首先她要寻得校舍。校舍难找，小了不够用，大的租不起。杨绛起早贪黑，并没有工资拿，好在借到赫德路振粹小学的校舍。振粹小学也有一位女性代理校长，姓叶，与杨绛很是要好。两校合用校舍，只能振粹小学上午上课，振华女校下午上课，各上半天。王季玉先生教会杨绛如何组班子，如何做预算，如何定薪水，为她找了可靠的会计主任，告诉她：“会计主任可是重要的角色，人要靠得住才行。”王季玉先生还教她把要办的事都记在本子上，做完一件，勾掉一件。传授诸多秘籍后，王季玉先生便要离开上海。见杨绛心里没底，王季玉先生便安慰她：“我在这里，你什么都不会；我走了，你不会也会了。”

王季玉先生对杨绛的影响持续一生。事无论大小，王季玉先生都要讲个“实事求是”。在恢复办学的那段日子，王季玉先生可谓筚路蓝缕。后来杨绛回忆这段日子时讲道：“我和季玉先生天天出去跑，用她省吃俭用下来的全部存款作为办学经费。季玉先生那段时间吃的是什么？她用糠虾蘸酱油下饭；牛奶馊了，她也舍不得倒掉，说那不等于酸奶吗？于是就吃酸奶。先生居无求安、食无求饱，先人之忧、后人之乐，对我的影响非常大。”

杨绛人很聪明，又肯努力，虽然自嘲不懂行政工作，但振华女校在她“狗耕田”式的操持下，竟然办得有声有色。避难上海的振华女校学生都来复学，还新招了一批当地学生。杨荫杭为她推荐了圣约翰大学的国文教员屈伯刚，钱锺书也先后推荐给她两位英文教员，高三英语则由杨绛自己带。

为贴补家用，杨绛还有一份兼职——给一名富家千金当家庭教师，补习高中课程。如此一来，杨绛几乎没有时间留给自己和圆圆。圆圆白天在外公家，很盼着妈妈晚上回来陪她，但妈妈一回来就要批改一堆厚厚的学生考卷。圆圆很乖，开始总不打扰妈妈，但妈妈总是不陪她，她很生气，觉得是那堆讨厌的考卷让她与妈妈分开，就噙着泪花举起小拳头打那些考卷，令妈妈内疚难过万分。

圆圆在法国时，爸爸妈妈讲无锡话，客人讲国语，邻居太太讲法语，她不晓得要怎么开口说话。到了爷爷和外公家，周围的人都讲无锡话，她就很快学会了无锡话。刚回国时，圆圆不会自己走路，却能扶墙走得飞快。爷爷家的人告诉杨绛，说圆圆穿的洋皮鞋太硬了，看起来像猩猩穿木屐。于是杨绛给圆圆换上软底鞋子，她果然很快就学会了走路。

圆圆很讨人喜欢。用杨绛的话来说，就是因为她乖，说得通道理，还很管得住自己。她们刚到上海那年冬天，圆圆出了疹子，肠胃很弱，杨绛便禁止她乱吃东西。每次妈妈不让她吃什么，她便不吃什么，从不哭闹。有位阔气的学生送了一大篓白沙枇杷给杨绛，她不确定圆圆是不是能吃，便叮嘱她不许吃，她就乖乖答应。一群大人热热闹闹吃着水果，忽然只见圆圆走到妈妈身边，扯扯妈妈的衣角，眼角挂着一滴小眼泪，吃的人几乎都惭愧起来了。这么乖的孩子，谁看到她流眼泪不心疼呢。

圆圆继承了爸爸妈妈的好记性，很小就显示出过目不忘的本事。杨绛表姐家也有一个女儿，比圆圆大两岁，已经开始学《看图识字》了。每次姐姐识字，圆圆就不声不响地搬个小椅子坐在对面看。杨绛看圆圆实在羡慕姐姐有《看图识字》，就给她买了一本。圆圆开心地拿过书，能够自己从头到尾念下来，书却是倒着的。起先大人们以为圆圆是在背书，并不识字，后来他们才想明白，圆圆坐在姐姐对面识的字，就是倒着的呢。

杨荫杭觉得孩子不宜太早识字，大姐寿康却觉得一定要圆圆把倒着识的字纠正过来。寿康买了一匣方块字，挑出几张，只教一遍，圆圆不用温习也能记得，还能从别处读出这个字。杨荫杭记起寿康识字时，小同康坐在旁边看，不用人教就能把大姐识的字全部识得。同康是杨荫杭八个子女中最聪明的，她的早夭，让父母惦念一生。杨荫杭念及此，颇有感触，再看圆圆，便对杨绛说:“过目不忘是有的。”

暑假时，钱锺书回来了。辣斐德路上的家挤得满满的，杨荫杭就让大女儿和小女儿睡在自己的房间，腾出一间房给钱锺书与杨绛住。

杨荫杭与钱锺书都是博学之人，二人能聊得来，锺书在岳父家住得很开心。楼下表姐经常与婆婆，妯娌吵架，寿康怕表姐难堪，每次听到吵架就把门关起来，不许家人听。钱锺书虽然近视，耳力却好，经常听得吵架的全过程。表姐与婆婆、妯娌争吵时才思敏捷，伶牙俐齿，争辩起来宛若诸葛亮舌战群儒。钱锺书听到精彩处，就一脸兴奋地跑到岳父房间去讲给他们听，一家人听得津津有味。寿康干脆放开禁令，不再关门。

钱锺书虽然住在来德坊，却每早必到辣斐德路的家请安。杨绛此时正忙于振华女校的事，无暇每日都陪他去。有一日，钱锺书从那里回来，一脸苦闷。先前钱基博应故友廖世承之约，赴湖南蓝田（今湖南涟源），担任国立师范学院中文系主任。他说自己年老体弱，须有儿子侍奉左右，令钱锺书辞去西南联大职务，去蓝田国立师范学院任教。

钱锺书与杨绛都觉得不应辞掉西南联大的工作，却对家人多方劝说感到无奈。杨绛找到父亲，希望父亲出出主意，父亲却缄默不语。杨绛明白，这是钱家家事，父亲不便干预。钱锺书与杨绛都是不爱争辩的性子，凡事讲究求同存异，但在这件事上，她总觉得要与钱家人争辩一番。

杨绛陪钱锺书回了家，却好似掉进天罗地网，因为一家人全都寂然无音，不说一句话。杨绛和钱锺书找不到说话的机会，自然无从争辩。她看到了令人难堪的脸色，尝到了令人难堪的沉默，忽然同情起丈夫来。她作为媳妇，没有再多说什么，怕徒增丈夫的烦恼。

钱锺书每日早上都要到辣斐德路去“办公”。他要按照父亲信上的安排办事，还要到老远的地方去找人。九月份，钱锺书给西南联大的外语系主任叶公超先生写了信，请求辞职。叶公超先生的家人与钱锺书的父亲交情深厚，他希望得到叶先生的些许挽留，借此能帮助他与父亲做最后的分辩。但奇怪的是，他的信石沉大海，未能得到回信。

十月份，钱锺书便与蓝田的新同事共同赴任。他刚走，杨绛便收到清华大学秘书长沈履的电报，责问钱锺书为何不回复清华大学校长梅贻琦的电报。这更是奇怪，因为他们分明未收到梅校长的电报。尽管杨绛立刻拍电报向清华大学阐明原因，并将电报转发至蓝田，在西南联大方看来，钱锺书还是成了未经解聘便擅离职守的孤傲、清高之人。钱锺书每念此事，十分懊恼。

钱锺书对母校有很深的牵绊，也热爱母校给的工作。到西南联大赴任时，他二十八岁，是学校最年轻的教授，风度翩翩，轰动校园。他开设新课，对西方文学流变条分缕析，思路清晰。钱锺书很幽默，授课气氛轻松却内容充实，学生们都热爱他的课堂。那时，一心投入学术的钱锺书并未察觉外文系办学理念的微妙变化，也未来得及体会

“木秀于林，风必摧之”的生存法则。

三

钱锺书西行之路走得艰难，整整耗时三十四天。这段糟糕的赶路与任职经历，成了他创作《围城》的灵感来源。师范学院学生素质远不如西南联大的学生，教师间也甚少有志同道合者。钱锺书生活并不顺意，最难忍受的就是对妻女的思念。他这时也会给杨绛写信，杨绛看了，分外动容。但她一直忙于振华女校事务，并不能多匀出时间给丈夫回信。钱锺书惜时如金，但无友可访，无书可读，百无聊赖，便着手撰写《谈艺录》。

他照顾父亲的任务也并未完成得出色。在蓝田，钱锺书拿出了照顾杨绛月子时学会的本事，一有工夫便炖鸡给父亲吃。父亲的同事夸他有福气，夸锺书孝顺，父亲就会说：“这是口体之养，不是养志。”同事就说：“我倒宁愿口体之养。”但父亲还老嘀咕着不能“养志”。他与钱锺书父慈子孝，但两人的爱好并不接轨。钱锺书与杨绛写信时提及此事，语气间满是委屈。

但在杨绛看来，公公却是“头等大好人”，不过人情世故远不如他的兄弟练达。他关心国事，却天真得不识时务。有次钱老为一家刊物写文章，大写特写蒋介石不懂《孙子兵法》而毛泽东懂兵法，料定蒋介石打不过毛泽东，但这家刊物偏偏是国民党人办的。钱锺书得知此事，偷偷把文章里臧否人物的段落删掉，文章照登。钱老爷子看了，大为光火，但以为是编辑删的，也无可奈何。

钱锺书在湖南百无聊赖，杨绛这边却忙得焦头烂额。承诺做振华代理校长时，杨绛开出条件：只做半年；半年期限一到，立刻向王季玉先生请辞。王季玉先生风风火火赶到上海，好说歹说，才劝得杨绛多干半年。一年任满，她再次请辞，历经重重波折，才勉强卸任。

王季玉先生是不肯放杨绛走的，无奈杨绛人生方向明确，一定要走创作之路。但杨绛始终关心振华女校，也对王季玉先生抱有歉意。她还以季玉先生为原型，创作了短篇小说《事业》。

虽然筹备建校与实任校长总共不过两年，杨绛却长了不少见识，“最主要的，是增加了人生经验和智慧”。若非这段经历，她永远也不会想到和懂得办学还得给瘪三、叫花甲头和白相人（流氓头）送节赏，以求平安。

杨绛晚年时，吴宓的女儿吴学昭女士曾与杨绛先生详谈办学往事，杨绛先生讲道：

> 我做一个小小的校长，得到一个重要经验，影响我一生。我自知年轻无识，留心在同事间没半分架子，大家相处得很融洽。但他们和我之间，总有一条不可逾越的界线，我无法融入群众之中。我懂了做“领导”的与群众间的“间隔”，下决心：我一辈子在群众中，一辈子是老百姓之一。我懂了做皇帝尽管乔装平民想知民情，办不到（校内死了一位教师，我请到清华的周正鹤接替。事务主任说，若能筹得三千元，寡妇儿女在乡间可以靠利息过日子了。我在教职员中募捐一份；学生中募捐一份；学校贴一份；我自己捐了个大数。这就等于强迫教员捐，但谁也不肯告诉我这个错误。后来他们报复，请我捐这捐那，我才明白）。
>
> ……
>
> 我名义上做校长两年，第二年由我推荐别人代理校长。以

上是我“狗耕田”的经过，是我最苦恼的经历。我如勉励，也能胜任。但每事要我专权（校长主权，只许独揽），而我不善专权。我生平做过各种职业，家庭教师、代课先生、中学教员、小学教员、灶下婢（大家庭儿媳妇也是一项）、大学教授、研究员。经验只有一条，我永远在群众中。

钱锺书来信讲，暑假将回上海，不再到蓝田去。但此时杨绛的弟弟已经回国，住在父亲房里，家中无房可住。为了迎接钱锺书回来，杨绛在外找了住处，打算搬出父亲家。圆圆挨着外公，外公说：“搬出去，没有外公疼了。”圆圆听了大哭，落下大滴大滴的热泪，把外公麻纱裤的膝盖都浸湿了。从不轻易示弱的杨荫杭，被圆圆哭得也跟着落泪。他实在是疼爱这个圆圆头。他的八个子女，没有一个跟他同床睡过，只有圆圆有这个特权。唐须嫈在世时曾别出心裁地为他做过一个小耳枕，枕头是用台湾席子包成的，中间有个窟窿放耳朵，他一直珍藏着。圆圆午睡时，他专门把这只宝贝找出来，给圆圆枕着，睡在脚头。

说好要回上海的钱锺书，却没能如期归来。原来钱锺书原跟父亲约定，在蓝田住一年便回上海。一年期满，钱老却不想回了。钱锺书便与徐燕谋先生结伴同行。谁料路途不通，他们路费不够，绕道走已不可能，只好走到半路，折返回去。杨绛与圆圆在外住了一个月，就退掉房子回到来德坊。

孤岛之困

一

辞掉代理校长职务的杨绛很快找到另一份工作：在工部局半日小学做代课先生。工作轻松，时间充足，待遇却高。

此时圆圆已经能独立看书了。杨绛先是为她买小人书，但她看得快，一本小人书很快就看完。书不经读，妈妈又专给她挑长故事，买了三册的《苦儿流浪记》给她。圆圆才看了开头，就可怜苦儿，伤心痛哭。妈妈只好告诉她，书里的只是故事，到了最后苦儿就不流浪了。但圆圆看了那三册书还是哭，眼泪砸在凳子上，足有五分钱硬币那么大。

杨绛很理智，看书从不笑或是哭；钱锺书看书看到开心处会痴痴地笑，但从不哭；圆圆心软，看书很容易哭。多年后，圆圆长成钱瑗教授，还是会告诉妈妈这个故事的原作者是谁，译者是谁，苦儿的流浪如何结束。那么多年过去，她一直记挂着那个苦儿。

1941 年暑假，钱锺书终于回到上海。一年前杨绛还能另寻得住处，这次却无论如何也寻不得一间小房子，只好挤在辣斐德路钱家一楼的客堂里。

钱锺书这次回来，面目黧黑，头发也长长了，穿一件土里土气的夏布长衫，毫无刚回国时的风采。他从船上为女儿带回了一只外国橘子。两年未见，圆圆早就不认得眼前的男子。她接过橘子，回头交给妈妈，又马上回头盯着这个人看。她眼看这个人走近了妈妈，还把行李放在妈妈床头，她非常警惕。晚饭后，圆圆不客气地发话了："这是我的妈妈，你的妈妈在那边。"

钱锺书挨了驱逐，还是一脸"窝囊"地笑："我倒问问你，是我先认识你妈妈，还是你先认识？"

"自然我先认识，我一生出来就认识，你是长大了认识的。"这是圆圆的原话。杨绛听得圆圆这套逻辑，非常吃惊，所以记得清清楚楚。

钱锺书悄悄地在圆圆耳边说了一句话，圆圆立即感化了似的和爸爸非常友好，从此成为好"哥们儿"，妈妈都退居第二了。两人嘻嘻哈哈扭在一起玩，只留妈妈一个猜测父女俩到底说了什么，却怎么都猜不透。

圆圆这一年四五岁，正是淘气的时候，爸爸的出现非常对她的胃口。以往只有人疼她、管她、教她，却没人陪她淘气疯玩。她原本是个不声不响的乖乖女孩，有了爸爸后就变得"人来疯""相当讨厌"。奶奶说她和爸爸是"老鼠哥哥同年伴"，经常抓来把小的打一顿，大的也打一顿。

钱瑗日后写过一篇《爸爸逗我玩》，被杨绛收录在《我们仨》中作为附。其中写道：

> 他的拿手好戏还是编顺口溜，起绰号。有一天我午睡后在大床上跳来跳去，他马上形容我的样子是"身是穿件火黄背心，面孔像只屁股猢狲"。我知道把我的脸比作猴屁股不是好话，就噘嘴撞头表示抗议。他立刻又把我比作猪噘嘴，牛撞头，蟹吐沫（鼓着腮帮子发出"噗噗"的声音），蛙凹肚。我一下子得了那么多的绰号，其实心里还是很得意的。

爸爸还教我说一些英语单词，如牛、猫、狗、猪什么的。见还有潜力可挖，就再教我几个法语或德语单词。有朋友来时，他就叫我去卖弄。我就像八哥学舌那样，客人听了哈哈大笑。我以为自己很“博学”，不免沾沾自喜起来，连塌鼻子都翘起来了。

钱锺书这次回来，原只打算住一个暑假的。清华爱才，钱锺书莫名其妙地离去令许多故交惋惜。他们已向当时清华的校长梅贻琦建议重新聘用钱锺书，梅校长亦准许，大家都欢迎。但当时的外文系主任陈福田及其他几人，因种种原因并不喜欢钱锺书。钱锺书听闻母校重聘，便如“痴汉等婆娘”似的等学校聘书寄来。通常来说，清华教师聘书都在上学年第二学期由系主任或委托人送到本人手中，一般都在七月以前发放完毕。其他教师都已收到聘书，钱锺书的聘书却迟迟未到。而系主任陈福田，六月份便回老家夏威夷度假去了。

陈福田没有就聘用钱锺书的问题向系里做任何交代，只说会亲自到上海钱家处理此事。直到十月份，西南联大已开学三周，陈福田才姗姗来迟。钱锺书明白，陈福田的来迟并非无心之失。他并不想在系里做个不受系主任欢迎的人，便委婉地辞掉这场工作。陈福田则对他的请辞未有一句挽留。

钱锺书没了工作，一家人却因此能够团聚。钱锺书对杨绛发愿：“从今以后，咱们只有死别，不再生离。”

二

上海的工作并不好找，钱锺书有一段时间始终处于失业状态。清华大学的师兄陈麟瑞此时在暨南大学做英文系主任，钱锺书便向他求助。暨南大学英文系有位名叫孙大雨的教师，系里对他有意见，师兄便想让钱锺书顶替他的职，钱锺书一口回绝。战争时期，一职难求，一人失业往往意味着全家挨饿，钱锺书断不肯夺人生计。岳父杨荫杭不忍女婿无业可谋，便将自己在震旦女子文理学院的《诗经》课给他上。震旦女校的负责人爱惜钱锺书的才华，便为他加了课。

每周几节课的课时费并不够家用，钱锺书还兼了几位阔家子弟的家庭教师。有位富贵哥儿得知钱锺书爱读书，便整日让钱锺书帮他选书买书，他自己倒不读，全送了老师。钱锺书得学生“资助”，虽然生活清贫，却仍能逍遥读书。他在买来的书上一一写上“借痴斋藏书”，盖上“借痴斋”的印章。

杨绛的小学教员也做得有声有色。她不是教育专业出身，也没有教小学生的经验，但遇事总向同事请教，教学过程里也常常思考，很快琢磨出一套教育孩子的方法。小学一年级的小孩子非常调皮，课堂上吵吵嚷嚷是常事，老师们对这帮小鬼非常头疼。三堂课下来杨绛便能准确无误地叫出每个孩子的名字。每当有小鬼淘气，杨老师会点名批评，从不叫错，孩子们一下子就被震住了，从此乖乖上课。她能摸得清每个孩子的脾性，也乐得与学生做朋友，孩子们都喜欢她。

她与同事们相处得也好。入职时杨绛履历表“学历”一栏填的是“东吴大学”，有同事认识钱锺书，打听过后才晓得杨绛是留学生，还做过中学校长。但杨绛一点架子都没有，同事们便更觉得与她亲近。

这所小学在上海最北，离他们的住处很远。杨绛每日要乘车到法租界边上，再走过很长一段不属于租界的路，然后再乘公租界的有轨电车才能到达。单趟要消耗一个多小时，她在车上困得直打盹儿。所幸小学是半日制，她只需下午上班，不需起太早。下班时杨绛总与同事结伴回家。走得次数多了，开电车的师傅都认得这帮老师。乘客少时，电车师傅会故意把车开得摇摇晃晃，踩得铃直响，大家又惊又笑。虽然一路奔波辛苦，大家却十分快活。有次杨绛想到永安公司去为父亲买一把茶壶，因想事情走了神，坐过站，师傅还专为她在永安公司门口停了一下，由此可见杨绛待人之亲切。

但那次她买的东西父亲并不喜欢。父亲的茶壶盖子打碎了，女儿想帮他买了盖子配，父亲却毫不领情，只要原配。杨绛不懊恼，她明白，父亲是在想母亲呢。

杨绛工作向来做得出色，无论是当作家或学者，还是做教师或校长。原因诚如杨绛本人所讲，她从不脱离群众，始终在群众中。除此以外，她总是对工作格外用心。哪怕自己力有不逮、无甚兴趣，哪怕从未踏入这一领域中，她都有自己的坚持，不肯丝毫懈怠。

杨绛不关心政治，但面对国仇家恨，她的底线非常明确。珍珠港事变后，日军进驻上海租界。有轨电车行至黄浦江大桥时，乘客需下车步行，还要向把守桥头的日本人鞠躬。杨绛不愿鞠躬，每次都低头走过去，所幸未被发现。后来规矩改了，乘客不必下车，但需接受日本人上车检查。检查时，乘客都得起立。有次杨绛起得比别人稍迟些，被日军察觉。那个日本人见她低着头，便走过来用食指挑着她的下巴，猛然一抬。杨绛大怒，呵斥道："岂有此理！"她与日本兵四目对视，僵持许久，周围乘客的心都提到了嗓子眼。

好在日本兵盯了她一会儿，转身便走了，一边走一边回过头来看她。她僵直地站在原处。

碰到这种状况，杨绛心里自然是怕的。第二天，她恐怕那个日本兵打击报复，换了一条路走。一个星期后，同事告诉她，执勤的日本兵天天换，她才复走原路线。

YANGJIANGZHUAN

工部局半日小学待遇很好，每月还有三斗白米的补贴。白米虽普通，却是战时上海的稀罕物。那时日本人配给市民的只有碎米，里面掺杂许多沙子；面粉则是黑的，杂质与麸皮各半。杨绛在这所小学教书三年。日本接管这所小学之后，她便辞了职。

那时钱锺书声名在外，常有人拜访，许他功名利禄，让他为日本人办事，钱锺书一一回绝，甘守清贫。

上海沦陷后，杨家与钱家住处狭窄，物资紧缺，都过得艰难。但钱、杨夫妻两个就住在娘家，还能每日到婆家探望，三姐和七妹也经常回娘家，一家人比在苏州时分散几处更亲近。杨荫杭很高兴："现在反倒挤在一处了。"

但此时上海的日子越发困苦，糊口都成了问题。杨绛在《我们仨》中曾回忆过这段日子：

> 只说柴和米，就大非易事。日本人分配给市民吃的面粉是黑的，筛去杂质，还是麸皮居半；分配的米，只是籼，中间还杂有白的、黄的、黑的沙子。黑沙子还容易挑出来，黄白沙子，杂在籼里，只好用镊子挑拣。听到沿街有卖米的，不论多贵，也得赶紧买。当时上海流行的歌："粪车是我们的报晓鸡，多少的声音都从它起，前门叫卖菜，后门叫卖米。"
>
> 随就接上一句叫卖声："大米要吗？"（读如："杜米要哦？"）大米不嫌多。因为吃糠不能过活。但大米不能生吃，而煤厂总推没货。好容易有煤球了，要求送三百斤，只肯送二百斤。我们的竹蓖子煤筐里也只能盛二百斤。有时煤球里掺和的泥太多，烧不着；有时煤球里掺和的煤灰多，太松，一着就过。如有卖木柴的，卖钢炭的，都不能错过。有一次煤厂送了三百斤煤末子，我视为

至宝。煤末子是纯煤，比煤球占地少，掺上煤灰，可以自制相当于四五百斤煤球的煤饼子。煤炉得搪得腰身细细的，省煤。烧木柴得自制“行灶”，还得把粗大的木柴劈细，敲断。烧炭另有炭炉。煤油和煤油炉也是必备的东西。各种燃料对付着使用。我在小学代课，我写剧本，都是为了柴和米。

……

有一个夏天，有人送来一担西瓜，我们认为绝不是送我们的，让堂弟们都搬上三楼。一会儿锺书的学生打来电话，问西瓜送到没有。堂弟们忙又把西瓜搬下来。圆圆大为惊奇。这么大的瓜！又这么多！从前家里买西瓜，每买必两担三担。但这种日子，圆圆没有见过。她看爸爸把西瓜分送了楼上，自己还留下许多，佩服得不得了。晚上她一本正经地对爸爸说：“爸爸这许多西瓜，都是你的！——我呢，是你的女儿。”显然她是觉得“与有荣焉”！她的自豪逗得我们大笑。可怜的锺书，居然还有女儿为他自豪。

钱锺书的父母已经不住在上海，但凡他得了什么好吃的，总先往岳父那里送。杨荫杭便得意地夸他：“爱妻敬丈人。”杨父胃口不好，女儿们就在他床头放几个罐子，里面盛上各色点心，看哪种少得比较快，就知道他爱吃哪种，不爱吃哪种，再趁他睡着悄悄放些他爱吃的。原本以为父亲不知道她们的小动作，直到杨绛发现父亲日记中写道“阿X来，馈……”才明白父亲一直晓得她们的心思呢。

有时姐妹几个回家，心里空虚，缠着父亲“放焰口”，父亲就会带着她们去锦江饭店吃点心。她们都明白，虽然如今不需要父亲破费便能自足，但父亲带了孩子们出去，心上高兴，孩子们心里也能饱好几天。抗战胜利前夕，杨荫杭特回苏州卖了一部分书，把书款给孩子们“放焰口”。那是最后一次。

就在这次“放焰口”前后，上海有遭地毯式轰炸的危险。杨绛的小妹妹还在震旦女子文理学院上学，杨荫杭将她托给杨绛，带着大女儿和三女儿同回苏州小住。临行前，他对四女儿说：“阿必就托给你了。”他顿了顿，又说：“你们几个，我都可以放心了，就只阿必。不过她也快毕业了，马上能够自立了。那一箱古钱留给她做留学费吧。至于结婚，如果没有好的，宁可不嫁。”父亲说这番话的语气，好像他永远不会再来似的。杨绛听了，心里不舒服。在上海时，杨荫杭曾有意写一本书，名叫《诗骚体韵》，还说定将这本书赠予杨绛。

父亲没兑现他的承诺。他在苏州去世了。

杨绛没能见到父亲最后一面。等她与姐妹弟弟凄凄惶惶地赶回苏州时，只见父亲的棺椁孤零零地停在大厅，前面搭个白布幔，挂着父亲的遗像，厅里原有的红木家具都不知去向。杨绛像小时候一样，到厨房去泡上一碗酽酽的盖碗茶，摆在桌上，发现并无处可坐。她坐在门槛上，哭了起来。

杨绛想起一文堂新屋落成、装修完毕那天，厅里被油漆漆得锃光发亮，陈设都是崭新的，厅上悬着三百支光的扁圆大灯。杨荫杭意气风发，让人把全宅前前后后的灯都开亮。那时苏州供电有限，全宅亮了灯，灯光立刻就暗下来了。唐须嫈赶快关掉一部分，嘴里说着别害了人家。杨绛又想起自己结婚那一天，高朋满座，热闹非凡，帮工在院子里的大柱子上缠红绿绸缎，要爬高梯子上去，绕过柱子，再从梯子上下来，换另一处继续爬梯子，继续搭彩绸。

如今，柱子上搭的，只有白惨惨的粗布。

丧事是三姐夫操办的。父亲下葬时，杨绛忽然发现父亲棺椁上盖的是石板，并不是浇灌的水泥。她想起母亲去世时父亲的叮嘱，心里很是懊悔。母亲去世时，父亲那样精心地为母亲操持；父亲去世了，几个子女竟如此潦草。但临时将石板换成水泥定然不可能，她只好沉默，将悔恨埋在心底。

三

钱锺书在震旦女子文理学院教书时，师兄陈麟瑞由暨南大学转至震旦女子文理学院担任外文系教授兼系主任。他的夫人柳无非是柳亚子先生的长女。他们家与钱、杨夫妻二人家住在同一条马路上，两家来往密切。陈麟瑞待钱锺书很好，像大哥关爱弟弟一般照顾。他很欣赏杨绛，第一次在辣斐德路钱家见到杨绛，就说："哦！我现在明白了，锺书为什么总这样高兴快活，原来他有这样一个 wife。"然后他笑呵呵对杨绛说："他打我踢我，我也不会生他的气。"

他与钱、杨两人志趣相投，每次来辣斐德路总是说说笑笑很开心，不愿回家，直到家里来电话催促姑爷回去吃饭，钱锺书才又拉又推地赶他走。他常带锺书和杨绛去尝鲜，吃便宜而美味的食物。几人在一起的快活日子，为沦陷区苦涩的日子添了无穷的甜蜜。

陈麟瑞曾留学美、英、法，主攻方向为戏剧。抗战时期，他创作过四幕喜剧《职业妇女》，改编过美国著名悲剧《晚宴》、英国著名喜剧《雁来红》等。他经常请杨绛看他编写的戏，还与她一起谈论戏剧。陈麟瑞家里关于戏剧的藏书很多，杨绛也会时常借来读。

那时，与他们交好的还有李健吾等人。李健吾亦是大剧作家，几人在一起的时候也会讨论戏剧。一天晚上，陈麟瑞请钱锺书、杨绛夫妇和李健吾吃烤羊肉。大家围炉而坐，各执一双二尺多的筷子，从火舌里抢出羊肉夹着干烧饼吃。陈麟瑞给大家介绍这是蒙古人的独特吃法，一旁的杨绛立刻联想起《云彩霞》和《晚宴》中的蒙古王子和王爷，语惊四座。出于职业写作的高度敏感，陈麟瑞、李健吾便劝杨绛："何不也来一个剧本？"杨绛被说得心动，趁着在半日小学有闲暇的工夫就动脑筋，不久果然想出一个故事。她把剧本拿给陈麟瑞看。陈麟瑞看后道："你这个剧本，做独幕剧太长，做多幕喜剧呢又太短，内容不足，得改写。"一般人听到这样的结果便不了了之，杨绛却坚持了一把，直到写出四幕喜剧。她思索良久，给这部喜剧起名《称心如意》。

这部喜剧讲述的是一位富家小姐李君玉，因父母双亡而千里迢迢从北平来上海投靠在银行任经理的大舅赵祖荫。大舅嫌她家贫无利可图，原不想收留她，可大舅母却逼大舅收她当秘书，以解聘一直与大舅有亲密关系的秘书陆小姐。赵夫人一方面希望以李君玉替代赵祖荫的现任秘书陆小姐，另外一方面又不希望李君玉住在自己家中。于是，赵夫人以自己女儿瑛瑛患白喉怕传染李君玉为由，让李君玉住进了曾经当过领事的二舅赵祖贻家中。如此一来，李君玉白天要到银行给大舅赵祖荫当秘书，晚上替二舅赵祖贻打字、看孩子，苦不堪言。

二舅母怕儿子迷上李君玉，影响与三姨妈女儿的婚姻，又把她"踢"给在面粉厂当厂长的四舅。四舅是喜欢外甥女的，但四舅母却是个挥金如土的"慈善家"。四舅与四舅母并没有孩子，四舅母却并不愿意收留李君玉，打算领养一个孩子。四舅为了打消太太领养孩子的念头，让外甥女编造一封信，假装他在外有私生子。四舅母大为光火，对四舅步步紧逼，时时监控，却把李君玉的男朋友当作"外头女人"的弟弟。李君玉在四舅家也待不下去了。

几个舅舅最终把她“踢”到舅舅们的舅舅家。这个舅公徐朗斋是个富翁，膝下无子，几个舅母都盼着他早死，好继承他的遗产。没想到这个舅公偏偏喜欢四处不受待见的李君玉，而君玉的男朋友恰好是舅公旧友的孙子。她意外地被孤僻的舅公收为孙女，不仅继承了舅公的全部财产，还收获了称心如意的郎君。而那几个苦心巴结舅公的舅舅、舅母们，却最终竹篮打水一场空。

陈麟瑞看过这个剧本后说：“这回行了。”他又把这个剧本送给了李健吾。

过了几天，李健吾给杨绛打电话说：“你真运气，你的剧本被黄佐临看中了，马上排演，就要出广告了。你用什么名字？”此时还是杨季康的杨绛不想用本名。她想到姐妹经常将“季康”快读成“绛”，就答：“就叫杨绛吧。”从此开始，“杨绛”真正诞生了。

1943年春，《称心如意》正式公演，李健吾扮演徐朗斋，黄佐临任导演。

《称心如意》的演出大获成功，杨绛一夜成名。与喜剧相比，悲剧更能赚人眼泪，让观众获得强烈的现场感，容易讨好观众，因此，此时剧坛正是悲剧当道。《称心如意》无论从人物还是从结构来看，都是典型的喜剧，在当时一片悲戚戚的悲情氛围中营造出了另一片天地。后来在《喜剧二种》的《重版后记》中，杨绛表达了自己久藏的心声：“如果说，沦陷在日寇铁蹄下的老百姓，不妥协、不屈服就算反抗，不愁苦、不丧气就算顽强，那么，这两个喜剧里的几声笑，也算表示我们在漫漫长夜的黑暗里始终没丧失信心，在艰苦的时候里始终保持着乐观的精神。”剧评人希望杨绛女士能“创作更多的喜剧，替喜剧争一口气，替上海剧坛争一口气”。那时，她还在工部局半日小学做教员呢。

当时父亲还在上海，杨绛请他去看自己的戏。杨荫杭看得开怀大笑，问杨绛："全是你编的？"杨绛答："全是。"父亲笑着说："憨哉。"

在《称心如意》后，杨绛又写了《弄假成真》《游戏人间》和《风絮》，在剧坛地位日渐稳固，其中《弄假成真》更是得到李健吾的高度评价：

> 假如中国有喜剧，真的风俗喜剧，从现代生活提炼的道地喜剧，我不想夸张地说，但我坚持地说，在现代中国的文学里面，《弄假成真》将是第二道纪程碑。有人一定嫌我过甚其词，我们不妨过些年头来看，是否我的偏见具有正确的预感。第一道纪程碑属诸丁西林，人所共知；第二道我将欢欢喜喜地指出，乃是杨绛女士。

《弄假成真》由上海同茂剧团搬上舞台，获得更大的反响，演员们都以出演杨绛的戏为荣。杨绛的朋友寄来称赞该剧的剪报，观众也常给杨绛写信表达敬意。杨绛却非常冷静，说："自己对剧中女主角太同情，喜剧就变得有点像悲剧了。"

后来杨绛承认，自己写剧本的动机是为了糊口。那个时候他们实在太穷了，偏偏"贫和病总是相伴的"。钱锺书缠绵病榻，始终不得健康。但杨绛写剧本并没有给他们带来经济上的改观，《称心如意》上演的酬劳只够她请朋友们吃一顿蹩脚馆子。剧作出版后，他们一家吃了一顿老大房的酱鸡酱肉。几个月没吃到肉的圆圆，吃完肉之后还要找肉。

杨绛出名以后，常被当作贵宾请去看戏。每次她都坐戏院最好的位子，受到最热烈的欢迎。有次她与钱锺书一道去看一幕古装剧《钗头凤》，作者热情地与杨绛攀谈，却不怎么搭理一旁的钱锺书。钱锺书受了冷落，心里恼火，便对杨绛说："以后你一个人去看戏吧，我不陪你了。"杨绛也不勉强他。以后她每次去看戏，都要先把饭做好，再自己一个人去。

除了喜剧，杨绛还有许多小说和散文佳作，《小阳春》《ROMANESQUE》等作品就是她在这一时期创作的。

《小阳春》中的男主人公俞斌教授，大概是近代文学史上第一位遭遇中年危机的男子。"十月小阳春，已在一瞬间过去了。时光不愿老，回光返照还挣扎出几天春天，可是到底不是春天了。"年逾四十的教授俞斌正经历着人生的秋天——发福、秃顶。他打拼了半生，刚刚能够立定脚跟从容地看世界，却发现世界变了颜色，他的春天已经过去了。俞斌并不甘心就这样老去，但他的太太已然安于平淡，心满意足地胖了起来。其实俞太太是个美人，白皙丰腴，但俞斌并不满意："一个女人，怎么做了太太，便把其他给忘了？太太，便不复是情人，不复是朋友，多没趣！她就这样满足了。"

他的女学生胡若蕖小姐点燃了他青春的激情。她聪明好学，长得俏丽轻捷，薄薄的脸儿，灵巧的口鼻，眉毛细而弯，眼珠乌亮，不知有多少男同学为之心碎，但她只倾心于成熟的老师俞斌教授。胡若蕖登门要稿子，俞太太凭着女人的直觉，对胡若蕖充满敌意，觉得她"一个乌黑乌黑的锅底脸，一脸黑毛，说话哼呀哼呀，像要哭出来似的"；但在俞斌眼里，胡若蕖则"黑得静、软、暖和，像一朵堆绒的墨红洋玫瑰花苞儿"。此刻他像许多结婚多年的男人，对女人的审美与妻子的观点截然相反："白有什么好？生面粉似的！给我太阳晒熟的颜色，宁可晒焦，不要生的！"他认定"白是没有感情的颜色。黑，表示蕴含着太阳的热——或者——像一朵乌云，饱含着电"。所以胡若蕖来时，他只觉得会客厅里“充满了‘饱含电的乌云’里散发出的阴阳电子”，而他自己“活像一支颤巍巍的铜丝，等候着触电”。

他们果然触电了，虽然这电光不被社会和家庭允许。他们没有轰轰烈烈的恋爱，只将书信作为“稿子”来往。他们的感情是真挚的，表现得却是若有似无。俞斌真正体会到“幻想是实在，梦是真，白水是酒，谈笑是诗”。他年轻了，充满活力了，整个人也由“散文”变成“诗”了。

直到有一天，俞太太发现了俞斌口袋里的“稿子”“是黑毛女人的情书”！俞太太看了一封又一封，气不打一处来。盛怒之下，她把“稿子”连同俞斌的衣衫一起投入浴缸，扭开水龙头冲了又冲，直到“把那叠肉麻的东西溶成一块墨糕”。她突然意识到自己被蒙蔽了，活得多么孤独，成了脱了仁的壳、去了酒的渣——无人需要的东西！她宁愿做《伊索寓言》中占据马槽的恶狗，也决不让他们称心，绝不退让！

不待俞太太实施她的“恶狗计划”，俞斌和胡小姐的感情便出现了问题。一日俞斌带了鲜花和巧克力去胡小姐住处看她，却发现她的男同学陈谦坐在她家。他一下子自惭形秽起来，像一个遭雨淋的公鸡。胡小姐兴奋地喊着“好漂亮的花”，俞斌却执拗地说花是“送给内人的”，转身就走，然后将花送给太太。收到花的俞太太以为俞斌在赔罪，气消了一半。第二天清晨，俞斌约胡小姐在公园见面，怕太太怀疑，便假意邀太太去赏菊花。俞太太原本绝不会陪先生散步的，但这次受了玫瑰花的鼓舞，执意要去。胡小姐正在公园满心期待地等着俞斌，却赫然看见喜盈盈的俞太太挎着俞斌的手臂走了过来。“情人间的误会，好比木柴上的根节，着了火燃烧得分外旺”，她宛若遭了晴天霹雳，觉得自己受到莫大的侮辱，转而便与陈谦订婚。俞斌彻底失去了胡小姐。俞斌与太太又恢复了往常那样的生活。

杨绛对人物的心理刻画得十分细腻真实。在这部小说里，最真实出彩的人物，莫过于俞太太了。俞太太热爱丈夫，甘心为他做家庭主妇，牺牲一切。她的爱是充满占有欲的，她不许丈夫再有春天，不许丈夫从别人的春天里再分一杯羹。发现丈夫与“黑毛女人”的情书时，她恶狠狠地走到街上，准备好好款待一下自己，把几十年亏待自己的都补回来。可当她走进餐馆，她“把菜单读了半天，只叫了一碗面”。她自恃貌美，想不通丈夫为什么会跟“黑毛女人”混在一起。她憎恨出轨的丈夫，又害怕失去丈夫，所以当丈夫把花送给她时，丈夫料想她一定嫌突兀，嫌贵，嫌不实用，但她并没有。她珍重地接过这一束玫瑰花，嗅嗅，笑笑，还摘下一朵，戴在头发上。人生的秋天并不只发生在丈夫身上，还发生在她自己身上，她也禁不住不寒而栗。“十月小阳春，已在一瞬间过去。时光不愿意老，回光返照地还挣扎出几天春天，可是到底不是春天了。窗外的风雨，只往屋里打。俞太太觉得冷，她一手护着肩，过来关上窗户。”

《小阳春》发表在《文艺复兴》第二卷第一期上，是1949年前杨绛发表的最后一篇小说。

钱锺书以往大概是不大看得起小说、戏剧一类大众文学的。杨绛刚写出剧本时请钱锺书看，钱锺书并无兴趣，只是“很好、很好”地敷衍几句。在看过《弄假成真》后，钱锺书大约是受了被冷落的刺激，对杨绛说：“我也要写，我想写一部长篇小说！”杨绛很高兴，当即表示支持，还催他快写。

那时钱锺书要在震旦女子文理学院教钟点课，还要做家庭教师，无暇写作，杨绛便让他减少课时。“家里的生活很节俭，还可以减少开支，更节省”，她总是这样安慰丈夫。刚巧他们的女佣要回老家，杨绛便不再重新雇人，而是自己当起“灶下婢”来。

四

在《记钱锺书与〈围城〉》一文中，杨绛写道：“劈柴生火烧饭洗衣等等我是外行，经常给煤烟染成花脸，或者熏得满眼是泪，或给滚油烫出泡来，或切破手指。可是我急切要看锺书写《围城》(他已把题目和主要内容和我讲过)，做灶下婢也心甘情愿。”杨绛所言并不全然是虚。出嫁前，杨家的家务有母亲和女佣操持，杨绛从不忧心家事。留学时，一家三口的家务也不算繁重。到这时，杨绛面对的是上有老下有小一大家子的琐事，于是她的担子一下子变重了。

在钱家媳妇里，杨绛的文化水平最高。她见多识广，能说会道，办事牢靠，叔叔便把交房租水电费以及对外联络等事宜都交给她。婶婶外出也爱带杨绛，说自己的媳妇是“粳米”，“阿季是糯米”。圆圆身体不好，休学在家。杨绛除了操持家事外，还要给圆圆补课。钱锺书将妻子的辛苦看在眼里。那时杨绛要洗婆婆、钱锺书、圆圆还有自己的衣服，钱锺书心疼妻子，就把门关起来偷偷自己洗衣服，却总洗不干净。

婆婆见儿媳在外有那么大名气，在家却毫无架子，吃得起苦，便感慨这位儿媳：“笔杆摇得，锅铲握得，在家什么粗活都干，真是上得厅堂，下得厨房，入水能游，出水能跳，锺书痴人痴福。”

那时上海人民不仅要忍受生活上的困苦，还要时刻提心吊胆地应付日本宪兵的骚扰。杨绛在文艺界有许多进步的朋友，熟人间经常谈及身边人突然就被逮捕的遭遇。有经验的人就教他们，一旦遇到这类事，“可以找某人等营救；受训时第一不牵连别人，同时也不能撒谎。撒谎更遭猜疑，可是能不说的尽量巧妙隐瞒”。

钱锺书与杨绛住在临街，经常夜半听到日本宪兵出动抓人的声音。他们没想到，有一天这种事也会轮到他们自己。

1945 年 4 月的一天，钱锺书去学校上课去了，杨绛在厨房择菜，忽然听得敲门声。杨绛开门，只见门口站着一个日本兵、一个朝鲜兵。太平洋战争爆发后，日本兵力吃紧，便从朝鲜殖民地征兵，派往侵华战场。杨绛赶忙请日本兵和朝鲜兵进门，以倒茶为借口抽身，飞快地将钱锺书的《谈艺录》的手稿收好。日本兵问明本户姓钱，只此一家，便开始打电话。杨绛的叔公见日本兵在记录本上写下“杨绛”二字，定让杨绛出去躲一躲。杨绛拗不过，只好出门去大姐的朋友家暂避。

朋友见到杨绛很高兴，留她吃饭，还与她一起缠毛线。钱锺书的堂弟跑来，说日本人不肯走，要是嫂嫂不回去，日本兵就要把自己和另一个堂弟带走。杨绛忙让堂弟去弄堂口迎钱锺书，让他去陈麟瑞家躲一躲，自己则借了一筐鸡蛋，独自回家对付日本人。

婆婆开门见杨绛回来，吓得慌了神。杨绛悄悄向她摆摆手，挎着鸡蛋大步向里走，一边喊着：“我给您买鸡蛋回来了。”杨绛上楼去看，只见屋里被翻得乱七八糟，柜子和抽屉里的东西到处都是。朝鲜兵大声问：“杨绛是谁？”杨绛答：“是我。”“那你为什么说姓钱？”“我嫁到钱家，当然姓钱啊。”她做出一副恍然大悟的样子说，“原来你们是找我的，怎么不早说。我给婆婆买蛋去了，真对不起，耽搁你们时间了。我这就跟你们走。”日本人却没有当即带走她，只让她第二天到日本宪兵司令部去。

家人大惊失色，杨绛却不慌不忙，仔细清点失散各处的物件。见钱锺书的《谈艺录》的手稿还在，她感觉庆幸。她仔细清点了，发现少了的只有一本通讯录、一叠宣传她编写剧本的海报，还有一封剧团演员的联名感谢信。第二天杨绛去宪兵司令部，却意外平安。日本人只让她填了一张表格，问了几句话，说以后还要找她，便放她走了。后来得知日本人要找的另有其人，那人的化名正是“杨绛”。

美军开始轰炸上海后，上海加强了灯火管制，家家户户都挂起了内红外黑的双侧窗帘，防止灯光外泄；门窗玻璃贴上交叉纸条，以免空袭时玻璃震碎伤人。广慈医院就在杨绛家附近，他们一家经常看到血淋淋的人被抬进医院。钱锺书知道苏联即将出兵东北，侵华日军时日无多，便打算坚持留在上海，哪里也不去。空袭来临时，一家三口就藏在楼梯底下，紧紧挨在一起。钱锺书说：“要死也死在一起。”

杨绛后来在回忆抗战岁月时，被问及体会最深的是什么，她回答道：“抗战期间，最深刻的体会是吃苦孕育智慧，磨砺人品。我穷困中学到许许多多本事，例如剪裁缝纫，能用缝纫机一下做成一件旗袍，能为锺书、圆圆做衣服，见缝插针，做许多家务事。在来德坊，我大姐姐脾气不好，有事能盯住拟（唠叨）个没完，逼得人发狂。我和三姐和两个妹妹都怕大姐姐。我为了爸爸，一切忍受，练成好脾气。后来在单位被轻视、被排斥，我披上隐身衣，一切含忍，也是抗战时练下的功夫。”

从 1944 年《弄假成真》公演到 1946 年《围城》完稿，《围城》写了两年，这也是杨绛全力支持钱锺书的两年。在《围城》序中，钱锺书写道：“这本书整整写了两年。两年里忧世伤生，屡想终止。由于杨绛女士不断的督促，替我挡了许多事，省出时间来，得以锱铢积累地写完。照例这本书该献给她。”

那时杨绛生活是苦的，心却是甜的。丈夫钱锺书的写作就像酿蜜。钱锺书白天忙忙碌碌殚精竭虑，夜里却能将满满的蜂蜜捧出，与爱人分享。“每天晚上，他把写好的稿子给我看，急切地瞧我怎样反应。我笑，他也笑；我大笑，他也大笑。有时我放下稿子，和他对视大笑，因为笑的不仅是书上的事，还有书外的事。我不用说明笑什么，反正彼此心照不宣。然后他就告诉我下一段打算写什么，我就急切地等着他怎么写。他平均每天写五百字左右，他给我看的是定稿，不再改动。”

1945 年 8 月 15 日，日本无条件投降。家人得知消息，聚在一起，商量如何永远铭记这一天。叔叔开玩笑说要把每个小孩子都打一顿，他们便记住了。家里充满轻松快活的气息，杨绛却躲在亭子间抹眼泪。钱锺书明白她的心思，她是在想父亲呢。杨荫杭去世前，一直盼着日本战败投降，如今这一天到了，杨荫杭却不在了。钱锺书走进房中，拉起杨绛的手道：“无论如何，漫漫长夜已经过去，爸爸会为我们高兴，为国家高兴，我们终于熬过来了。”

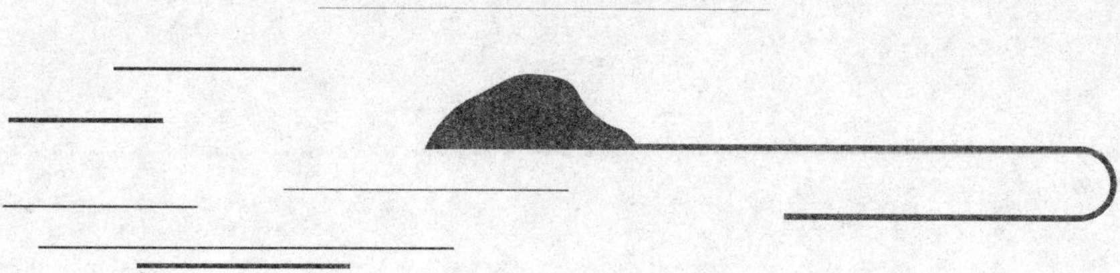

第四章

暗流汹涌

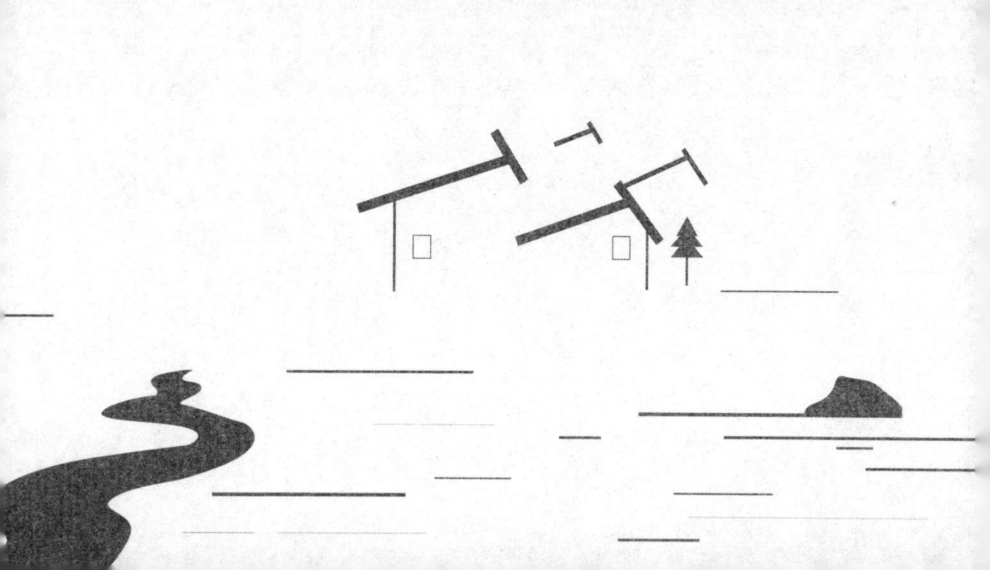

苦尽甘来

一

抗战胜利后两个月，钱锺书出任国立中央图书馆英文总纂，主编《书林》季刊 Philobiblon。这本季刊于 1946 年 6 月创刊，1948 年 8 月停刊，总共出了七期。与此同时，他还出任了暨南大学外文系教授，开设欧美名著选读和文学批评两门课。钱锺书每周只上两三次课，由学校吉普车来接；课后就回家，并不占用太多时间。1947 年冬，钱锺书担任了留英学生派送委员会主任。经英国文化委员会主任贺德立（G.Hedlay）再三邀请，他还兼任了英国文化委员会的顾问。由于他涉猎广泛，了解中国读者需要，他提出的建议总是高明而有效。

1947 年 5 月，《围城》由上海晨光出版公司出版，轰动华语圈；1948 年 9 月再版，1949 年 3 月三版。一时间，钱锺书名满天下，似乎再也不会被"冷落"了。杨绛开玩笑道："钱锺书一下子扬眉吐气了。我呢，成了钱锺书夫人。杨绛还未完全被人遗忘，但主要是钱锺书夫人了。"

《围城》吸引了大批读者。尽管钱锺书一再强调故事纯属虚构，人们还是企图从钱锺书的生活中寻得蛛丝马迹。有暨南大学的学生来访钱锺书，刚好碰到杨绛上楼。那学生向来以为《围城》中孙柔嘉的原型是杨绛，便对钱锺书说："钱先生，其实您的柔嘉蛮不错的嘛！"

杨绛在回忆作为钱锺书写《围城》时的后盾岁月，不由得感叹：

“抗战时期在上海，生活艰难，从大小姐到老妈子，对我来说，角色变化而已，很自然，并不感觉委屈。为什么？因为爱。出于对丈夫的爱。我爱丈夫，胜过自己。我了解钱锺书的价值，我愿为他研究著述志业的成功，为充分发挥他的潜力、创造力而牺牲自己。这种爱不是盲目的，是理解，理解愈深，感情愈好。相互理解，才有自觉的相互支持。”

随着女性话语权的确立，更多性别不平等的现象被挖掘，极端的女权主义者便容易激进。性别不平等的焦虑让她们草木皆兵，女性的任何牺牲在她们看来都是无谓的，是男权压迫下的，是愚昧奴性的。我们并不漠视争取女性权益的必要性，但谈及杨绛这段感叹时，与其纠结性别视域下的男性主导与否，不如我们换种角度思考这个问题，那便是家庭个体。

世事繁杂，人生在世，要承受来自四面八方的压力。结束一天辛劳疲惫时，家便是最温馨、最能慰藉旅途风霜的地方。家里的男女主人，便是撑起这个家的脊梁。丈夫看起来总是坚强如刚，但疲累的时候，还是需要人照顾，需要温暖的怀抱。妻子既要应付工作，又要照顾家庭，看起来无所不能，但停下一切琐事的时候，还是需要爱人送上一杯热茶。若是这个港湾足够温馨，家人们就有个休息充电的地方。最可怕的是这个抵御伤害的地方成了伤害本身，最应该互相支持的两个人做着互相伤害的蠢事。

但钱锺书与杨绛的家，不仅是二人应对困苦的避难所，还是二人互相成全的坚固外壳。他们是将夫妻看作一体的人。杨绛或者钱锺书的牺牲，在彼此看来，都是在为家庭牺牲，他们想让这个家释放出最大的价值。

钱锺书的作品陆续得以出版，他也有了机会，能明晃晃地展示对杨绛的感谢与爱意。1941年，上海开明书店出版了钱锺书的第一本集子《写在人生边上》。书稿付印时，他郑重地在赠书页上写“赠予季康”。1946年短篇小说集《人·兽·鬼》出版时，他也谈到“假使这部稿子没有遗失或烧毁”，皆因为“此书稿本曾由杨绛女士在兵火仓皇中录副，分藏两处”。这次，他没有在赠书页上写什么。书稿出版后，钱锺书在自留的样本上写道：

To C.K.Y

An almost impossible combination of incompatible things: wife, mistress & friend.

赠予杨季康

绝无仅有的结合了各不相容的三者：妻子、情人、朋友。

在谈到婚后夫妻的相处之道时，杨绛先生曾讲道：“我认为（妻子、情人、朋友）三者应该是统一的。夫妻应该是终身的朋友，夫妻间最重要的是朋友关系，即使不是知心朋友，至少也该是能做伴侣的朋友或互相尊重的伴侣。情人而非朋友的关系是不能持久的，夫妻而不够朋友，只好分手。”她又说：“锺书和我都认为‘五伦’——中国以前的人伦关系：君臣、父子、兄弟、夫妇、朋友中，朋友非常重要。其他四伦如能复为朋友，交心而知己，关系定会非常融洽、和谐。我们俩就是夫妇兼朋友。”钱锺书与杨绛的爱情之所以能持续几十年而不减，秘诀大概都在这段话里了。他们是幸运的，年轻时便已然有了这种觉悟。二人经营夫妻关系时，几乎丝毫没有走过弯路。

曾经有一位英国传记作家写自己的美满婚姻，写得很简单：

我见到她之前，从未想到要结婚；

我娶了她几十年，从未后悔娶她；

也从未想要娶别的女人。

杨绛曾把这段话读给钱锺书听，钱锺书说：“我和他一样。”杨绛回答道：“我也一样。”

有妻如此，钱锺书自然满足。他毫不避讳地将对妻子的欣赏挂在嘴上。有次钱锺书在朋友王辛笛家闲聊，王辛笛忽然嬉皮笑脸地问他uxorious是什么意思。钱锺书装傻充愣说不知道，转而回家告诉杨绛：“王辛笛说我有誉妻癖。”

杨绛问：“你誉我没有啊？”

“我誉了。”

“你誉了我什么呢？”

钱锺书随口说出三件事：“一件是《称心如意》上演，杨绛一夜成名，可是你还和以前一样，一点没变，就像什么也没发生一样，照旧烧饭、洗衣，照顾我吃药。那时我正生病，没去看戏。

“一件是日本人来抓你，你应付得那么沉着，把他们引进客堂，假装倒茶，三脚两步上楼把《谈艺录》稿子藏好。日本人传你第二天上午去宪兵司令部问讯，我都很担心，你却很镇静，平时睡眠不好，可是那天晚上你还睡得很香。

“还有，那次你买回一桶煤油，阿菊把煤油灌得过满，溢得到处都是，一点火，油全燃了，火舌蹿得老高，快舔到天花板了，周边堆着干柴，一旦点燃后果不堪设想。阿菊早已发呆，我和阿圆也吓得大叫：‘娘，娘快来，快点来！’你过来一看火势凶猛，用被子浸水覆盖已经来不及，便灵机一动，顺手抄起一个晾在近旁的尿罐倒扣下去，火柱立刻灭了。一场大火被你止住了……”

杨绛忙制止：“快别说了，‘呆大’！”她心里明白，王辛笛这样讲，可能是因为徐森玉、郑振铎等人在钱锺书面前夸赞杨绛，而钱锺书并没有自谦的缘故。那次夸赞源于一次教育部组织的台湾行：原本旅行组织方并未计划让团员们带家属，但有些太太们却吵闹着要一起去，主事者很为难，唯独杨绛非但不闹，还主动表示不去。徐森玉先生是主事者之一，对杨绛印象很好，便对钱锺书夸了几句，钱锺书没作声。徐森玉是王辛笛夫人的叔父，大概徐森玉在王辛笛面前提过此事，王辛笛才会专去问他 uxorious 的事。

二

钱锺书同时有了几份工作，家庭经济状况大大好转，杨绛终于从“灶下婢”的境况中解脱出来。1946 年秋，她接替陈麟瑞的班，成为震旦女子文理学院的教授，教英国小说、散文等课程，直到 1949 年秋离开上海。震旦女校的负责人待杨绛很好，总是给她安排最好的教室、最好的时间上课。杨绛却总是说自己“学教”：一边学一边教。但学生对杨绛的评价都很高，直到杨绛晚年，还有震旦当年的学生给她寄自己出版的书。

授课之余，杨绛也会翻译一些作品，创作一些文章。抗战胜利初期，《观察》杂志向杨绛约稿。杨绛正在读哥尔德斯密斯的散文《世界公民》，便着手翻译了其中一小段，译文受到傅雷的赞赏。不久之后，钱锺书也邀请杨绛参与《英国文化丛书》的翻译工作。她也会因杂志约稿，创作一些散文，自称“随意即兴所写，自知没甚出色，多数没有留存”。但这一时期，杨绛还是有《流浪儿》《风》《听话的艺术》等散文流传至今。

杨绛的家人们似乎也各自回到稳定的生活轨道上。大姐寿康在启明读书时便信了天主教，父亲去世后，孑然一身的她了无牵挂，去做了修女，后来还随教会一同出国。但她性格暴躁，受不得委屈，又回国还俗了。八妹阿必与四姐一样，在震旦女子文理学院教书，还得学校负责人支持，去清华做了一年助教。几个姐妹都住在上海，来往方便，互相照应，过得倒也舒心。

最令杨绛揪心的是圆圆，因为圆圆年幼时身体实在是差。圆圆六岁时进晓星小学上一年级，起初还能开开心心地与同学一道上课，结果两周不到便病了。下一年复学，圆圆半个月后又病了，因此圆圆整个小学的课程都是妈妈在教。1947 年冬天，圆圆右手食指骨节肿大，查出是骨结核。医生判定：“此病目前无药可治。”圆圆听懂了，流着眼泪对妈妈说：“我要害死你们了。”说得妈妈心都要碎了。

但是做母亲的，怎么能放弃孩子呢。好在那时家里条件已经有了好转，他们有能力持续给圆圆提供维生素 A、维生素 D 和营养品。杨绛遵照医嘱，让圆圆尽量休养，只在床上玩，不下床。十个月后，圆圆的病居然全好了。杨绛用了三个月时间为她补习算学。1948 年夏，圆圆参加民立中学入学考试，竟一举考上。

婆婆此时也记挂着杨绛。1948 年 7 月，钱锺书的祖父百岁冥诞，钱锺书带杨绛和圆圆一同回无锡老家。婆婆已经好久没有见到杨绛，见锺书与圆圆都胖了，唯杨绛变瘦，便嘱咐她：“喜欢吃什么，买点吃吃。”钱母向来看不起贪吃的女人，嘲笑那是“修了五脏殿”，此番叮嘱杨绛，也是关切之至了。杨绛算阔绰人家出身，婆婆本以为她不能吃苦，却发现她半点娇气也无，心里更加疼爱。1957 年，钱父病重时问妻子：“我走后，你跟谁过？”钱母答：“我跟季康。”

此番回无锡，圆圆对老家的一切很是好奇。此前钱基博对这个孙女并不在意，但圆圆彻底改变了钱老对她的看法，她成了钱老心中不可替代的存在。

圆圆不喜欢跟其他小孩一起吵吵嚷嚷地玩，更喜欢躲书房里看书。

一天，她看爷爷正在午睡，脚露在外面，便用被子把爷爷的脚盖好，还掖了掖被角。爷爷家有一小柜子的《少年》，她看了一本不解馋，又一本一本地看下去，弄得满地都是书。爷爷醒来，看圆圆坐在地上看书，便考她《少年》里的内容，又考她其他方面的学问。圆圆已经读过《西游记》《水浒传》，正在读林纾用文言译的外国小说，而那时她只有十一岁。钱老又惊又喜，从此认定：“女孙健汝乃吾家唯一的读书种子！”从此他对圆圆刮目相看，与待其他孙儿不同。钱锺书与杨绛觉得“健汝”这个名字拗口，为圆圆起名“钱瑗”。但面对爷爷，钱瑗却一直是自称健汝的。

黎明新生

一

1949年，钱锺书的叔父令锺书三弟搬来上海同住。辣斐德路钱家原本已有八口人，加上钱锺书一家三口、三弟一家三口，拥挤不堪。钱锺书与杨绛便打算搬出来，另寻住处。刚好有朋友介绍了蒲石路蒲园的一处房子，夫妻二人便从杨家姐妹处借了几件家具，搬到蒲园，还留了柴米油盐供三弟家用。钱瑗也从民立中学转到蒲园附近的震旦附中，继续念书。钱锺书称新居为“且住楼”。这时，钱锺书不仅身兼数职，还有《围城》加持，自然免不了应酬。每次宴会回来，钱锺书总要与杨绛一起“研究”今日所遇之人和事，自觉“读通”了许多人，长了不少见识。

陈衡哲就是他们住在且住楼时结识的。他们第一次见面，是在朋友储安平家。储安平知道任鸿隽、陈衡哲夫妇要到上海定居，便准备在家里请客，为他们夫妇接风。但储安平已经离婚，家中无女主人，钱锺书便答应他，请杨绛代作女主人接待任鸿隽夫妇。杨绛便认识了陈衡哲。此后，钱锺书想请任鸿隽为《英国文化丛书》翻译一本相关专业的小册子，便特意到任家拜访，杨绛也与他一道去。会面结束后，任先生特用汽车将夫妻两个送回来，不久之后又携夫人陈衡哲到钱锺书家来做客。那时蒲园附近有一家很有名的点心铺，鸡肉包子尤其好吃：皮暄、汁多、馅细，调味也好。杨绛就让阿姨买回来请任鸿隽夫妻两个尝鲜，任鸿隽对鸡肉包子很欣赏。没多久陈衡哲又邀请钱、杨去他们家吃茶。杨绛就带了两条厚毛巾，把一笼刚出锅的热包子包了，带到任鸿隽家。大家聚在一起，吃得开心。一来二去，杨绛与陈衡哲就相熟了。

陈衡哲是新文化运动中最早的女学者、作家，比杨绛大二十一岁。她们是忘年交，经常喝茶谈天，并不因年龄差距而有隔阂。杨绛对陈衡哲印象很好，总记得她眼镜后那双秀美的眼睛，经年不忘。

一次胡适与任鸿隽夫妇相约吃茶，陈衡哲便邀杨绛与钱锺书一道来。胡适见到杨绛，便对杨绛说："我认识你的姑母，认识你的叔叔，你老娘家（苏沪土语'尊大人'的意思，即父亲）是我的先生。"杨绛有三位姑母，但胡适所指当为杨荫榆。杨绛还有伯父和叔叔各一位，均因事故或疾病而早逝，可见胡适"认识你的叔叔"所指非其亲叔叔，而是杨荫杭叔父兼好友杨志洵。在这里，胡适搞错了，杨志洵不是杨绛的叔父，而是叔祖父（杨绛称为"叔公"）。

晚上回家，杨绛对钱锺书说："胡适真是个交际家，一下子对我背出一大串叔叔姑母。他在乎人家称'你的学生'，他就自称是我爸爸的学生。我可从没听见爸爸说过胡适是他的学生。"

钱锺书便向杨绛解释，说胡适曾向顾廷龙打听杨绛，顾廷龙告诉他说"名父之女，老圃先生的女儿，钱锺书的夫人"；至于"你老娘家是我的先生"这句话，当然指父亲当过他的老师，但父亲曾在澄衷学校、务本女校、中国公学教课，不知在哪个学校教过胡适。后来还是钱锺书查到，1950年，杨荫杭果然在澄衷学校给胡适上过课。杨绛便从胡适身上学了交际之道，遇人前先打听。

1949年，摄影家郎静山在上海举办了个人摄影展，请钱锺书代为翻译英文说明，付了报酬。后来杨绛已经记不得报酬的数目，只记得郎先生出手很是阔绰。那时法币贬值速度飞快，夫妻两个觉得钱在手里不能长久，便干脆奢侈一把，当回“阔佬”，去杭州旅游一次。

他们将圆圆留在家里，托给八妹阿必，便由钱锺书的拜门弟子周节之陪同照料，共赴杭州。钱锺书对杭州向往已久，成行后不禁春风得意：“四年夙愿，今日始偿。”他还将游览所见写成日记，题为《钱大先生游杭州记 1949.3.27 至 1949.3.31》，笔触细腻，才情肆意。钱锺书发现“西湖水色绿而态腻堪当油碧之目，忆意大利语亦有 Un mare d' oilo（一塘油）之称，皱而不折，剪而不断，表里合一”。杨绛答：“文之 Form and matter（形式和内容）宜如此。”夫妻俩学识渊博，思维活跃，令人心生敬佩。

杭州之行不过三四日，夫妻二人却觉收获颇多。回到家时，钱瑗特折了垂丝海棠插到书房瓶中，为爸爸妈妈接风。几日不在家，已有数位好友访而不得，足见得二人交友之广。

全国解放近在咫尺，许多生活在国民党统治区的知识分子都在考虑去留的问题。曾任联合国教育文化会议首席代表的朱家骅，对钱锺书非常赏识，常请他吃饭，还许他联合国教科文组织的职位。时任教育部长的杭立武邀请钱锺书去台湾大学、杨绛去台湾师范大学任教，还许诺拨给他们专车运书籍和行李。香港大学向钱锺书投来橄榄枝。牛津大学的汉学家 K.G. 斯波尔丁来信希望他们赴英。但他们不愿离开故土。“当时有三个选择，一是去台湾，二是去香港，三是去国外。我们当然不肯和一个不争气的统治者去台湾；香港是个商业码头，我们是文化人，不愿去。”“我们的国家当时是弱国，受尽强国的欺凌。你们这一代是不知道，当时我们一年就有多少个国耻日。让我们去外国做二等公民当然不愿意。”当然，最根本的原因，在于他们的心，如同当年他们从法国返回炮火连天的中国时一样：“每个人的遭遇，终究是和自己的同胞结连在一起的。”父辈生活和长眠之处，是他们永远要坚守的地方。

夫妻两个想着自己并无资产，算是平头小老百姓，只求坐坐冷板凳、粗茶淡饭足以。与他们关系相近的朋友，大多数选择留下，走掉的只有胡适。杨绛后来回忆时写道：“郑振铎、吴晗同志，都曾劝我们安心等待解放，共产党是重视知识分子的。但我们明白，对国家有用的是科学家，我们却是没用的知识分子。我们如要逃跑，不是无路可走。可是一个人在紧要关头，决定他何去何从的，也许总是他最基本的感情。我们从来不爱唱爱国调，但我们不逃跑，不愿离开父母之邦，撇不开自家人。我国是国耻重重的弱国，跑出去仰人鼻息，做二等公民，我们不愿意。我们是文化人，爱祖国的文化，爱祖国的文字，爱祖国的语言。一句话，我们是倔强的中国老百姓，不愿做外国人。我们并不敢为自己乐观，可是我们安静地留在上海，等待解放。”

1949 年 5 月 26 日夜里，天阴沉沉下着小雨，解放军已到上海，窗外枪声不断。钱锺书与杨绛带着钱瑗，平卧在三楼躲避流弹。第二天凌晨，他们听到号角声，知道是解放了。他们起身出门去看，只见解放军战士全都整整齐齐地和衣睡在马路上，不打扰一家百姓。那天夜里刚下过雨，路面都还是湿的呢。这些战士用水泡锅巴吃，对橱窗里诱人的奶油蛋糕看都不看一眼。看到此情此景，夫妻两个觉得很感动。蒲园有一家人在解放军渡江之前便搬走了，解放军进驻了他家，杨绛便有机会近距离观察解放军，发现他们都淳朴可爱。有次她还从楼上看到他们买了冰棍，三人吮一根。夫妻两个觉得，中国共产党人宽和，很有人情味，与传闻中的大不相同。

钱锺书有了工作，钱瑗病好入学，有新雇的阿姨帮忙做家务，杨绛只消在震旦教几门课程，生活似乎前所未有的轻松。但长期紧绷的神经得到松弛后，人最容易生病——把因劳累攒下的病气全都发作出来。杨绛病倒了。

她整日病恹恹的，每到下午三四点钟就发低烧，每月体重都要减轻一磅，医院也不能查明病因。钱锺书嘴上不说，心里焦急万分。清华大学已在北京复课，正需教师。而不喜欢钱锺书的陈福田，1948年因乱用教师致使学生罢课，早就回了夏威夷老家。钱锺书想与杨绛一同回母校外文系任教，希望环境的转变能使杨绛病情好转。

时任中共上海市委统战部部长的周而复到蒲园访问，听说钱、杨要北上，便为他们一家连同阿姨买了四张卧铺票，还给他们开了欢送茶会。卞之琳同样有意北上，钱锺书便匀了一张票给他，让钱瑗与阿姨挤一张床。

二

钱、杨到达清华时，外文系主任是赵诏熊。钱锺书办好手续后，正式开始在新中国工作。他除教授大二的英文课外，另开了西洋文学史、经典文学之哲学两门课，还负责外文研究所事宜。按照清华旧例，夫妻二人不能同时在校任正职教授，杨绛便做了兼职教授，教授英国小说选读。她对这样的状况很满意，因如此一来她便可以逃掉不少会议：系里开会，她说自己不是正式教授，便可以不去；妇女开会，她说自己还要上课，不算家庭妇女，便也可以不去。

后来清华夫妇不能同做教授的规矩取消，赵诏熊便与杨绛商量，希望她担任专职教授。杨绛推托自己身体不好，没有答应。她向来爱惜时间。

杨绛教课很是认真，学生都喜欢她的课。系里要她教什么，她便教什么，从不讨价还价。对于报酬，她也不怎么计较。因识大体，又谦虚谨慎，付出多、回报少，同事经常开玩笑地说她“被剥削”，彼此关系都好。

好在钱锺书此时待遇还算不错。他在清华很受重视，每月工资有一千一百斤小米，比大多数教师都高，比系主任赵诏熊只少二十斤小米。

那时清华正忙于战后恢复，宛若重生。大家在一处皆为共同理想奋斗，其乐融融。校园中不乏大家，他们与钱锺书、杨绛住在一处，关系甚好。那是一段令人难忘的美好岁月。潘光旦的夫人赵瑞云和张奚若的夫人杨景任待杨绛都好，像母亲一般。钱、杨与梁氏夫妇关系也不错，林徽因经常邀钱锺书夫妇去家里吃饭。他们还常去费孝通夫妇家叙旧，也进城看望过沈从文、张允和夫妇。

钱、杨夫妻是温德先生的老学生，两家关系甚好。那时温德不满苏联学者待遇太高又无建树，常常生闷气。杨绛便安慰他：“你怎么跟他们比呢，你只能跟我们比呀！”温德虽仍然赌气，心里却对学生的关心非常受用。他有体己话也常常只对杨绛说，有时还会跟小孩似的抱怨：“我都很久没吃鸡啦！”杨绛就炖了鸡，请他到家里吃年夜饭，还为他庆祝生日。

那时学术氛围自由活泼，大家聚在一起，更多的是谈笑。钱锺书在外文系会议上偶尔讲讲笑话，谈些历史掌故，大家听得开心，常常哄堂大笑。每个人周围都充斥着快活的空气。不知是因换了环境，还是因生活得轻松，杨绛的身体果然像钱锺书期待的那样，逐渐好转。

一日，钱锺书从保康堂姐那抱来一只黑白相杂的小郎猫，大家为它取名“花花儿”。养猫的人大概都会觉得自家的猫通人性，要比别家的猫聪明些。但家猫原本就是善取悦人的物种，看似高冷不爱理人，其实对于怎样讨人喜欢，它们清楚得很，故而如今“猫奴”遍地，对伺候“猫主子”这事欲罢不能。向来通透洒脱的钱锺书一家人，也着了猫的道。杨绛甚至专写了一篇《花花儿》纪念这只猫：“我大概不能算是爱猫的，因为我只爱个别的一只两只，而且只因为它不像一般的猫，似乎超出了猫类。”杨绛先生简直被花花儿哄骗得“死心塌地”，禁不住对猫赞不绝口，称它“简直有几分‘人气’”。

小猫刚抱来时，认生，扯着尖嗓子喊得叫人心疼，杨绛就把它抱在怀里，一抱就是一整天。阿姨李妈会“把”小猫，杨绛不晓得她是怎么“把”的，总之花花儿从没弄脏过屋子，很省心。花花儿有自己的窝，家里沙发上铺的一张白布垫子就是它睡觉的地方。有次，杨绛把垫子对折着，忘了打开，花花儿就把自己的身体约束成一长条，趴在上面，一点也不越出垫子的范围。它很早就知道吃饭的时候不上桌，只坐在杨绛身后。李妈直夸它“仁义”。一次，它聚精会神地蹲在一摞箱子旁边，忽然伸出爪子一捞，就逮了一只耗子，那时候它还很小呢。杨绛去上课，花花儿就在她身后跟着，一直跟到大道边上才停下，定定地看着她走远。

梁思成家也有只猫，被林徽因称作全家“爱的焦点”，很受宠。天气转暖后，猫儿闹春，花花儿与林徽因家的猫经常争风吃醋，撕咬打架。一日清早，两只猫又在打架，叫声若鬼哭狼嚎，战况惨烈。钱锺书听了很心疼，“痴”性大发，披衣起身，抄起一根竹竿就要去为花花儿壮威。那时还是早春，清晨的空气还冷得很呢，杨绛见了，连忙劝他，打猫要看主人面，若林徽因知道了，怕会伤了两家和气。所幸林徽因家并未发现。

那时夫妻两个除了上课、办公、开会之外，深居简出，一有时间便读书。访客经常看到他们坐在长桌两端，各抱一本书来读。清华之于他们，熟悉又陌生，少了份清幽，多了燥热般的热闹；但对钱瑗来说，北上新奇又有趣。她已经在上海读过初中一年级，本是要继续读初二的，无奈清华附属中学成志学校校长对杨绛说，钱瑗年龄太小，按照规定只能读初一。杨绛觉得重复上学有些浪费时间，又见北京中学生开会频繁，动辄讨论，念及钱瑗体弱刚恢复，就让她在家学习。钱锺书为她补习语文和英语，杨绛补代数、几何和理化。

夫妻两个对女儿的课业要求很宽松。钱瑗只需每日向父亲交两篇毛笔字当作业，每周听父亲讲些英文文法，读一篇英文课文，再写一篇作文，便可以了。她时间充裕，又没有同学可以交游，便常独自一人在清华校园内游荡，熟悉环境，很快便将清华转了个遍。清华草木繁盛，美丽的建筑掩映其中，气韵清幽，鸟鸣花香，钱瑗很喜欢，认定“水木清华是世界上最美丽的地方”。

清华众教学楼中，钱瑗最喜欢的是灰楼的音乐堂，那里的琴房每月交一元钱便可以每天练一小时琴。钱瑗很喜欢练琴，总觉得不过瘾，便每天多练几个小时，连功课也不做了。每日需要交的两篇毛笔字来不及写，她便动起脑筋，把以往爸爸没有批改的毛笔字交了充数。头两次，钱锺书并没有觉察到不对，但事不过三，第三次，爸爸终于发现了钱瑗的秘密。事关品德，钱、杨二人绝不含糊。钱锺书怒不可遏，痛斥钱瑗弄虚作假，气得把教她的英文文法书都撕了。杨绛也严厉地批评了钱瑗一顿，责令她把文法书补好。从此，钱瑗无论学业还是做人，再不敢弄虚作假。1951 年，钱瑗参加中考，考上贝满女校。

书写与沉默

一

那几年，除了教书，杨绛最大的消遣是读小说。她之前读过一本英译西班牙语小说《托美思河的小拉撒路》(*La Vida de Lazarillo de Tormes*)，觉得很好，就翻译成了中文，另取名为《小癞子》。“小癞子”这个名字是杨绛先生超脱于原文的独创。1951年，上海平明出版社出版了首版《小癞子》。1953年，平明社重译重排《小癞子》，在《译者序》中杨绛写道：“我们所谓癞子，并不仅指皮肤上生癞疮的人，也泛指一切流氓光棍。我国残唐五代时就有‘癞子’这个名称，指‘无赖’而说；还有古典小说像《儒林外史》和《红楼梦》里的泼皮无赖，每叫作‘喇子’或‘辣子’，跟‘癞子’是一音之转，和拉撒路这字义相同，所以译作《小癞子》。”

此后，杨绛又对译本进行重译，共出版过五六个版本，原因在于她觉得由英文版本的二次翻译失了许多本真，如小癞子偷吃的香肠在英译本中被翻译为“黑香肠”，而原本中则为“倒霉的香肠”。她体会到：“从原文翻译，少绕一个弯，不仅容易，也免了不必要的错误。”1978年初，上海译文出版社出版了杨绛重译的《小癞子》。在写于1977年5月的《译后记》中，她说：“本书根据一九五八年法国奥皮叶（A ubier）书店重印富尔歇·台尔博司克（R .F oulch é－D elbosc）校订西班牙原文本（restituci ó n delaedici ó n pr í ncipe）

（1900）译出。”但杨绛所擅长的是法语，而不是西班牙语。据学者考证，该版本是西法对照本，她以该版本翻译时，很难不受法语版本启发。

杨绛在《译者序》（或为《译后记》）中讨论《小癞子》的同时，也对流浪汉小说的轮廓有大致的描述，可以看作国内流浪汉小说文论的先驱之作。

> 《小癞子》是西班牙十六世纪中期出版的。当时文坛盛行英雄美人的传奇，渲染无敌的勇士，无双的佳人，崇高的品德，深挚的爱情，等等，而神奇怪诞的魔法师、巨人、怪兽、毒龙之类多方作祟，造成故事的悲欢离合。到六十年代末期，继骑士小说而盛行的是田园小说，写超尘绝俗的牧童牧女谈情说爱。《小癞子》不写传奇式的英雄美人，不写“田园”中的牧童牧女，而写一个至卑极贱的穷苦孩子。他伺候一个又一个主人，亲切领略到人世间种种艰苦，在不容他生存的社会上一处处流浪，挣扎着活命。这里没有高超的理想，只有平凡的现实；而卑贱的癞子替代高贵的伟大人物，成为故事主角。
>
> ……
>
> 究竟什么是“流浪汉小说”，解释并不一致。一般说来，“流浪汉小说”都以“流浪汉”为主角。“流浪汉”指无业游民。他们出身微贱，没有家产，没有行业，往往当佣仆谋生，却又没有固定的主人，因为经常更换。他们或是游手好闲，不务正业；或是无业可就，到处流浪，苟安偷生。有的是玩世不恭，有的是无可奈何。他们对国家的法纪和社会秩序都格格不入。可是他们并不公然造反，只在法网的边缘上图些便宜，如欺诈诓骗、小偷小

摸之类。流浪汉从来不是英雄，他们是“非英雄”(anti — hero)或小人物——不过“非英雄”或小人物不专指流浪汉。

流浪汉小说可以借主角的遭遇，揭露社会上各个角落的龌龊，讽刺世人的卑鄙；也可以借主角的为非作歹，一面写良民愚蠢可欺来逗笑取乐，一面写歹徒不得好下场来警顽劝善。反正这种小说的内容都写这个很不完美的现实世界——徐文长《歌代啸》楔子开场所谓“世界原系缺陷，人情自古刁钻”。而流浪汉都看破这个世界而安于这个世界。

……

这类小说不仅都用自述的体裁，结构上也有相同处——都由一个主角来贯穿全书的情节。流浪汉到处流浪，遭遇的事情往往不相关联。他一生的经历并没有亚里士多德《诗学》上所讲究的“统一性”或“一致性”，而是杂凑的情节。主角像一条绳束，把散漫的情节像铜钱般穿成一串。这种情节杂凑的 (episodic) 结构是流浪汉小说所共有的。

杨绛先生的翻译，具备忠于原文之精准，却无“翻译腔”的洋腔怪调，读来清新隽永，又不乏冷幽默，称得上“信达雅”。后来，有人问著名学者朱光潜先生：“全中国翻译谁最好？”朱光潜先生说：“可以分三个方面——散文翻译、诗歌翻译和理论翻译。”那人又问：“那么散文翻译谁最好？”朱先生答：“杨绛最好。”

有读者谈到《小癞子》时说：“《小癞子》，我读过，顶好玩儿的。”这无疑是对作者及译者最大的褒奖。

除了文论，1949 年到 1966 年这十七年间，杨绛先生没有创作文学作品，尽管她正处在创作的黄金期，心中也有许多酝酿已久的题材等待落笔。钱锺书先生亦是如此。二人封笔，在后人看来固然是憾事，但反观那个时代，对文艺作品思想批判力度之大，不禁让人庆幸二人实乃识时务之人。

二

钱锺书只在清华教了一年书。1950年8月，他接到乔冠华的通知，被借调到中共中央毛泽东选集英译委员会翻译《毛泽东选集》。这一安排，据说得益于费孝通的推荐。但钱锺书的清华老同学胡乔木此时正担任中宣部副部长兼新闻署署长，同时也是《毛泽东选集》出版委员会成员，他的作用也是不容忽视的。钱锺书对此一直很关注。

钱锺书不是党员，承担这一项颇有政治意义的工作任务，自然与他专业能力过人密不可分。他经过牛津严格的语音训练，文字风格称得上是 noble（雍容大雅），与毛主席的气魄与风度相配；但从根本而言，还得益于组织的信任。

钱锺书被推荐到毛选英译委员会的消息刚一传出，一位住在城里、清华校庆时过校门而不入的老同学，专程雇了人力车赶过来祝贺。钱锺书惶恐地对杨绛说："不好，他以为我要做'南书房行走'了。这件事不是好做的，不求有功，但求无过。"

毛选英译委员会办公处设在北京西城堂子胡同，钱锺书便搬到城里住，周末回清华指导他带的研究生，直到他们毕业。杨绛平日便独守清华。

清华 1924 届毕业生徐永煐是毛选英译委员会的主任，业务能力很强。据传言，周恩来总理曾说过，他认识的中国人里，英文最好的有“两个半”：“半个”是宋庆龄，因为中文差些；“两个”里有一个是徐永煐，另一个有说是陈翰生的，有说是冀朝鼎的。开始参加委员会的有金岳霖、钱锺书、郑儒箴、王佐良等一批人，还有史沫莱特、爱泼斯坦、艾德勒等一批外国专家；但一年以后，委会员便只剩下钱锺书和几个年轻助手了。

钱锺书知识面广，语言条理清晰，水平很高。有次金岳霖对成语“吃一堑，长一智”如何翻译举棋不定，便问钱锺书。钱锺书几乎不假思索地脱口而出“A fall into pit, A qain your wit”，赢得赞赏一片。

但这项工作并不容易，因为毛选的英文翻译与中文编辑在同步进行，原文在编订过程中不断修改，英译文也不得不跟着变动，因此往往是译了改，改完译，有时觉得以往的译文不好，又全部推翻重新译。杨绛笑他们的翻译就像《奥德赛》中王后织的布，织了拆，拆了又织。

钱锺书对此毫无意见，完全服从，但他也有主见。一次翻译到“孙悟空钻进庞然大物牛魔王的肚子里”这样的情节，他觉得不对。他自幼爱看《西游记》，内容是极熟悉的，坚持“孙猴儿从来未钻入牛魔王腹中”。胡乔木调来全国各地各个版本的《西游记》来看，发现钱锺书果然没错。毛主席还得把他的原文改一改。

总体而言，钱锺书对在毛选英译委员会过的日子很满意。委员会会开得少，搞运动也没声势，他觉得清净，很喜欢。他效率高，别人一天做完的事，他半天甚至两小时就做完，剩下的时间便自己看书，好不快活。他效率高，也缘于他工作有计划，井井有条。他不仅自己这么做，还经常提醒忙碌的领导要做什么，并为领导做好一切准备。徐永煐笑称钱锺书是自己的“office wife”。由于两人合作愉快，私下便成了很好的朋友。直到徐永煐去世，两家还是一直来往，关系很好。

钱锺书珍惜时间，他周围的人都有体会。学生黄雨石（黄爱）回忆："钱先生不看电影不看戏，似乎除了读书，没有其他爱好或任何消遣的玩意儿。中南海的宴会请帖，他从来未去参加。他总把时间腾出来用在读书上，从不肯轻易浪费一点点。钱先生常说，像他这样的人，可以称为 Miser of time（时间的小气鬼）。"

在翻译毛选的三年时间中，钱锺书晚饭后经常会和同在委员会帮忙的学生们一道逛旧书店。他对学生们说："你在这儿如果找到一本书我没读过，我就不算你的老师。"学生们好奇，便专挑冷僻的书问他看过没有。结果他每每都能讲出此书何朝代何人所作，书中讲什么内容，从未错过。黄雨石说："说来惭愧，我真不配做钱锺书的学生，钱先生却百分之百地有资格当我的老师。"

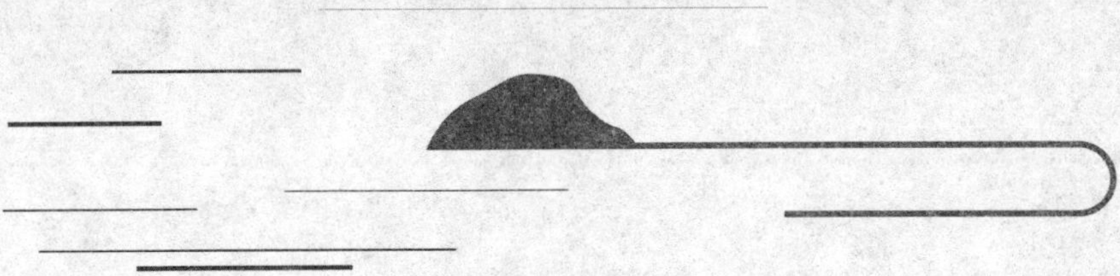

第五章

生命的磨砺

整改与斗争

一

杨绛长时间不到系里开会，本就心虚；当钱锺书调到城里后，杨绛更觉隔膜。知识分子思想改造运动开始后，有人问：“杨季康怎么不来开会？”杨绛便说：“因是‘兼任’，怕没有资格。”由此每会必到。

知识分子思想改造运动于1951年秋到1952年秋在全国开展，在高等院校和文艺界一体进行，以肃清资产阶级腐朽思想为收尾。虽并非完全与反贪污反浪费反官僚主义的“三反运动”同步开展，许多高校还是将思想改造运动泛称为“三反”。

思想改造运动一般有三个阶段：思想动员阶段、酝酿讨论阶段、声讨控诉阶段。在思想动员阶段，一切要统一认识，步调一致。这段时间气氛相对自由，大家一起开会，读读发下来的学习材料，说说笑笑，抱怨两句也无伤大雅。酝酿讨论阶段则要紧张得多，简而言之，这一阶段要背着被控诉的老师，集体搜集可控诉的材料证据，这便是“背靠背”；参与其中的人，压力陡增。声讨控诉阶段则是对上个阶段积累的“劳动成果”集中控诉的时间，也就是“面对面”。当一个人最后的思想总结或者检查被审阅和认可后，他可能感受到自己还不是一个“纯洁的人、高尚的人、脱离了低级趣味的人”，但至少他感觉自己是个无害于人民的人，便为此感到骄傲振奋。那些被认为有害于人民的人，自然由不得自己，要被控诉一番。

思想改造最初的称谓是“脱裤子，割尾巴”。知识分子耳朵娇嫩，听不惯“脱裤子”，于是改称“洗澡”。“澡盆”按照“洗澡人”的职位分大盆、中盆、小盆。职位越高，“盆”越大，参加的人也越多。清华讲师以上都要“洗澡”，一般教职员只是帮助“洗澡”，自己并不洗。钱锺书还在城里工作，学生们也要他回校“洗澡”。杨绛不敢怠慢，忙去城里给钱锺书请了两周的假。徐永煐痛快准假，还用自己的车，专程把二人送回清华。

二人仔仔细细把大中小盆“洗澡”观摩了个便。钱锺书学习能力很强，很快了解了“洗澡”套路。他“洗了个中盆澡”，一次通过，就回城里工作去了。夫妻二人从未加入过任何党派，也不参加政治活动，杨绛把二人需要交代的问题一一说清，“忠诚老实运动”也得以通过。终于，在一个周日，两人随着学校老师排队来到一位党代表面前。党代表伸出手与钱锺书握了握，说：“组织信任你。”

那时，外文系的“危险课”有三门：诗歌、戏剧和小说。杨绛所教授的小说课便是危险课之一。后来这三门课改为选修，由学生选与不选决定存亡。上着“危险课”的教师们，思想必然是高度紧张的：稍有不慎，自己的言论便会被学生或其他什么人揪出来，狠狠声讨控诉。杨绛满心期待没有学生选小说课，她便可以不开，但总有许多学生选。杨绛只好硬着头皮开课，授课却仍然不马虎，在指导学生鉴赏国外小说时，重点分析技巧和艺术手法。

后来她得了法子，精读一本小说，同时分析艺术技巧。《大卫·考伯菲》（又译《大卫·科波菲尔》）受过马克思肯定，杨绛便在学习英国小说时作为精读小说教授。一次，她读到主人公的房东太太对大卫说“你觉也不睡，饭也不吃，我知道你的问题”，学生便问：“什么问题？”杨绛便解答：“房东太太点出他在恋爱。”

酝酿讨论阶段，杨绛也在为改造思想做检讨。经过朋友提点，她找到了她的“底”：一是有“过关思想”，二是曾讲过英国作家奥威尔的小说《动物庄园》。大家认为她的问题很简单：不做专职教授，便不属于“向上爬”的典型；系里给的课都肯教，报酬却拿得少，还教得认真，便也不属于“混饭吃”的典型；最后考虑到她满足于做贤妻良母，便给她安了个没有新中国人民的“主人翁感”的罪状，草草了事。杨绛的检讨，一次顺利通过，还被全校学习领导小组列为“做得好的”。

堂姐保康听说她的检讨顺利通过，特意过来与她握手祝贺，还邀她一道参加晚饭后的控诉大会。杨绛欣然前往。会议中，突然一个女学生跳上台去开始控诉，形势变得急转直下。只见那个女学生咬牙切齿、捶胸顿足地嚷道：

“杨季康先生上课不讲工人，专谈恋爱。

“杨季康先生教导我们，恋爱应当吃不下饭，睡不着觉。

“杨季康先生教导我们，见了情人，应当脸发白，腿发软。

“杨季康先生甚至教导我们，结了婚的女人也应当谈恋爱！”

原本昏昏沉沉的礼堂瞬间被惊醒。保康也不瞌睡了，睁大了眼睛盯着那个女生。杨绛并不认识控诉着自己的女学生，也全然不晓得要怎样做。那时礼堂里有近三千人，座位上的目光齐刷刷扫射着周围，企图把那个爱谈恋爱的先生射成筛子。主持会议的费孝通万万没料到会出现这种状况。他清楚杨绛的为人，知道她断不可能讲这些没水平的话，便给那个女生递纸条，让她控制时间。那女生却讲得兴奋，索性把原本准备一同控诉的几位教师略去，只声讨杨绛。她情绪之愤恨，内容之劲爆，搞得人人目瞪口呆。杨绛只好效仿二十世纪三十年代被闹房时戴着蓝眼镜的新娘，装作不闻不见。保康也早已不知道溜到什么地方去了。

那个女学生简直为控诉大会立了大功。散会后，杨绛一个人默默地走出礼堂，好似刚从地狱飘出来的魔鬼：身上散发着硫磺味，还带着一圈空白。群众在空白外议论纷纷，愤恨不已，也有女同志轻声感叹："咳！还不如我们无才无能呢！"

外文系主任吴达元走近杨绛，悄悄问道："你真的说了那种话吗？"杨绛答："你想吧，我会吗？"吴达元立刻表态："我想你不会。"

杨绛很感激吴主任，但怕连累他，只好离他远些。

杨绛一头雾水地回到家中，见钱锺书与女儿都不在，阿姨也早已入睡。她的委屈与疑惑无处发泄，只好静静坐着，思绪万千："假如我是一个娇嫩的女人，我还有什么脸见人呢？我只好关门上吊啊！季布壮士，受辱而不羞，因为'欲有所用其未足也'。我并没有这等大志。我只是火气旺盛，像个鼓鼓的皮球，没法按下凹处来承受这份侮辱，心上也感不到丝毫惭愧。"于是，她看了一会儿书，倒头便睡。

第二天一大早，杨绛特意穿上最鲜亮的衣服，欢欢喜喜地挎着菜篮子去菜市场买菜。她就是要看其他人的反应。有些人看了她并不理，也有人照常向她打招呼。一个相处多年的朋友，远远看见她便绕着道走。杨绛能理解，并不怨恨。反倒是一个平时并不怎么熟络的女教师，与她并肩走了好一段路，还笑着与她谈天，杨绛很感激。在她看来，这些反应都饶有趣味，可以作为喜剧的素材。

经了这场风波，杨绛最先想到的便是从此可以不教课了。可下学期一到，又多了十多个学生选小说课，她只好继续开课。

这次批判是杨绛在那些年的风波中受到的第一次挫折。她大受打击，却也练成了刀枪不入的本事。在后来的《控诉大会》中，杨绛写道：

我刚经过轰轰烈烈的思想改造，诚心诚意地做了检讨，决不能再消极退缩。我也认识到大运动里的个人是何等渺小。我总不能惜这点委屈就掼纱帽呀！我难道和资产阶级腐朽思想结下了不解之缘吗？我只好自我譬解：知道我的人反正知道；不知道的，随他们怎么想去吧。人生在世，冤屈总归是难免的。

虽然是一番屈辱，却是好一番锤炼，当时，我火气褪去，就活像一头被车轮碾伤的小动物，血肉模糊的创口不是一下子就能愈合的。可是，往后我受批评甚至受斗争，总深幸这场控诉大大增强了我的韧劲。

二

但并非每个人都像杨绛这样坚强。那段动荡的岁月，见证了多少知识分子意志的崩溃。

高崇熙先生是清华大学化工系教授，兼任化工厂厂长。他业务很好，但不太喜欢与人打交道，总落落难合。钱锺书与杨绛跟他接触后，发现他质朴有原则，与他们倒是投缘。高太太善于交际，还曾专程送鲜花给杨绛，说“鲜花送美人”。两家常常来往。

一日，杨绛一时兴起，想答谢高太太送花之情，便在饭后与钱锺书一道散步，去化工厂高崇熙先生家拜访。高太太进城去了，家里只有高崇熙一人。他独自坐在既像教室又像办公室的客堂里，对二人的到访有些意外。他找来杯子为两人倒了水，勉强地笑着，回二人的话也只有一声两声。钱锺书问起他们厂里思想改造运动，他答：“没什么事，快完了。”

杨绛凭着女性的敏感，觉得高先生“心情不好”，自忖来得不是时候，便说他们只是路过，顺便看看，还要去别处，说完便起身告辞了。

高崇熙并未挽留，只是送他们出门，送出客堂，送出走廊，送出院子，还直往外送。夫妻二人请他留步，他还是要送，一直送到工厂大门。他就站在工厂门口，目送他们离开。

回家路上，杨绛与钱锺书觉得困惑，便一起讨论。杨绛说：“他好像不欢迎我们。”

“不欢迎。”钱锺书回答。

“所以我不敢多坐了。”

“是该走了。”

“他大概有事呢，咱们打扰他了。”

“不，他没事，他就那么坐着。”

“不是在看书？”

“我看他就那么坐着，也不看书，也不做什么事。”

“哦，也许因为运动，他心绪不好。”

“我问起他们厂里的运动，他说没什么事，快完了。”

“我觉得他巴不得我们快走。”

“可是他送了又送。”

只过了一天，消息传来：化工厂的高崇熙，昨天自杀了。

后来听说，星期一上午，工间休息的时候，高太太和厂里的一些女工在会客厅煮元宵吃，回隔壁卧室看高崇熙倒在床上，脸已经变黑：他服了氰酸。

杨绛对高崇熙的自杀十分自责：“只恨我们糊涂，没有及时了解。”她与钱锺书都非常欣赏高崇熙，那是一个真正毫不利己、专门利人的人。

二十世纪三十年代初，清华大学筹建化学馆，高崇熙为之倾注全部心血，经常废寝忘食。上至设计、施工，下到安装电气、上下水、煤气罐，他事必躬亲。按照清华旧例，教授每连续服务五年，即可休息一年，赴外国进修。高崇熙连续工作了二十五年，一次也没有享受过进修待遇。化学实验室初建之时，经费困难，从美国进口一只做实验用的蒸馏瓶需要六元五角美金，高崇熙为了节省这笔开支，趁暑假学生休息，独自一人在化学馆吹玻璃泡，制作蒸馏瓶，成本只需要两毛钱。

后来高先生利用化学知识，自制工业原料，并以此开办了清华化工厂。他不计较个人利益，化工厂的收益除了纳税外，全都用于增加系里的设备。有时为了按时交货，他常常连续加班，无怨无悔。他的作风影响了周围的助教、学生。他们与高先生一道，兢兢业业建设化学系，直到化学系日益完备。

这样一个人，就这么自杀了。

还有一位令杨绛经年不忘的，是果园——虞园的园主虞先生。虞先生五十多岁，早年留美，专攻园林，回国后只一门心思打理自己的果园。他人很和善，心肠也好。每当有小孩子去买果子，虞先生总会把稍有伤残的果子大捧大捧塞给孩子。他经常爬到树上修剪果树，一点也没有老板的架子。果园里的工人都叫他“吾先生”，意思是“我们的先生”，语气里是带着爱戴的。

杨绛总带钱瑗去他那里买果子吃，渐渐也就熟了。他会给杨绛一个篮子，让她们自己从树上挑好的果子摘，还会带她们去地窖看他储藏的大筐大筐的苹果。

有次她去果园，开门的工人对她说：“这园子归公了。”

"虞先生呢？"杨绛问。

"跟我们一样了。"

杨绛打听过才知道，虞先生同其他工人一样，成了果园的雇员，拿同样多的工资，但他并不能真正成为工人中的一员。

有次杨绛看到虞先生晒太阳也要离果子摊儿远远的，因为怕被怀疑偷果子。他吃园子里的果子需要到市场上买，因为在园子里买有人会说他多拿。杨绛劝他凡事看开，这不还是为自己的果园服务嘛，果园都是身外之物呀，但虞先生始终没想通。

他不懂，自己整日从事体力劳动，为何还被人说是剥削别人。他终日生闷气，郁郁寡欢，大病一场，最终死于非命——自己触电去世。

杨绛非常痛心。她看过了世事变幻，看过了沧海桑田，看过了大厦起也看过了大厦倾，却始终不忍看人别离。在一次次生离死别、失去与忘却中，她的心愈发坚韧。关于这次运动，吴学昭女士在给杨绛先生作的传中讲道："她（杨绛）始终认为，人是有灵性、有良知的动物，人生一世，无非是认识自己，洗练自己。人需要改造自己，但必须是自觉自愿。"

三

1952年下半年开始，根据政务院《关于改革学制的决定》，全国高校进行了调整。这次调整以培养工业建设人才和师资为中调，发展专门学院和专科学校，整顿和加强综合大学，形成高等工科学校专业化比较齐全的体系。这次调整重理轻文倾向严重，大有完全照搬苏联模式的趋势。清华大学变成了一所纯工科性质的高校，一大批教师的工作岗位随着高校调整而变动。

那年秋天，清华校园里有了从未有过的慌乱，许多老师急急忙忙收拾行李、找车，到处都是搬家的景象。“同事都灰溜溜，只觉清华解散了，我们都被逐出清华了。”钱锺书与杨绛都被分到了文学研究所，也算是“被驱逐”的一员。

那时文学研究所正在筹备中，成立后将由城内沙滩迁入燕京大学的新北大。杨绛接到通知，他们家需要搬到新北大新建的中关园宿舍去。钱锺书正在城里工作，钱瑗住校也不在家，杨绛就与阿姨一起请了一辆板车，把不多的行李装了，一趟搬完。

文学所 1952 年 2 月成立，初期的工作方针是按照国家的需要和本所的具体条件，有步骤、有重点地以马克思主义的观点方法，研究中外的文学与文艺理论，以及整理文学遗产，促进我国文艺科学水平的提高和文学创作的繁荣。郑振铎、何其芳分别任正、副所长。刚成立时，所里的研究员只有钱锺书、杨绛、余冠英、罗念生等寥寥几人。初期文学所人员编制属北大，业务工作受中宣部领导。1956 年 1 月，文学所划归到中国科学院哲学社会科学部。1964 年 6 月，文学所几个外文组与全国作家协会所属的《世界文学》编辑部合并成立外国文学研究所。1977 年 5 月中科院哲学社会科学部撤销，成立中国社会科学院，外文所便属中国社会科学院。

钱锺书与杨绛开始都被分配在外文组，但 1954 年钱锺书从毛选英译委员会回到研究所后，被郑振铎借调到中国古代文学研究组，从此“一‘借’不再动”。杨绛则始终在原单位未动。1964 年外文组升级为研究所后，他们便成了两个不同研究所的研究员。

文学所的图书馆归钱锺书打理。他博闻强识，所长何其芳很相信他买书的眼光，购买中外文书籍全按照他开的书单。有些善本、孤本价格很高，只要钱锺书觉得该买，何其芳也全凭他做主。钱锺书曾上书周总理，申述文学所因缺少原书，选编各国文学名著的任务难以完成。而文学所“渴望已久的书籍，现存单位却束之高阁，并没有在学术上发挥更大的作用。……如果这批藏书拨给其他藏书丰富的单位，则是‘锦上添花’的重复存储，而应‘雪中送炭’拨给文学所……”这封信起了作用。文学所接收到一大批中外书刊，图书馆有了丰富的血液。

文学所的图书馆在钱锺书的经营下，书全且重复少。曾有外宾参观图书馆后很惊喜，称赞道：“你们的图书室不大，藏书却如此丰富周全；无论新的，旧的，应该有的都有了。”后来外国文学研究所成立，想要把文学所的外文书籍分走。李健吾和几个年轻人便来与钱锺书抢书，何其芳和钱锺书都不答应，说：“你们自有买书费，很富足。”冯至对此不解，私下对杨绛说：“你对钱先生说，他若要看，可来我所借阅。”杨绛向冯至解释道，这些书钱锺书早已看过，只是要保全文学所图书馆的完整罢了。

杨绛在外文所工作得并不顺意。她那时只不过四十岁左右，却与钱锺书等人一道被称作外文所的“老先生”。“老”是不“老”，只是1949年前的学者总与新同志有些隔膜，杨绛自觉有被无视之感。外文组又分若干小组，没有一个小组肯接纳她；1953年召开第二次全国文艺工作者代表大会，文学研究所的研究员全是大会代表，只有钱锺书与杨绛不是；外文组集体编写《西洋文学史》，不参与者，仅杨绛一人：总之，什么都没她的份。钱锺书从二级升为一级研究员之后，曾气呼呼地点着杨绛的手背说：“从此你就永远是三级了！”他的判断果然没错，杨绛始终都是三级研究员，再未升迁。

杨绛曾说：“从文学研究所1953年成立，到1977年改革开放后改属中国社会科学院，二十五年间，我是一个零。我开始有点困惑，后来觉得很自在。所以改革开放以后，还自觉自愿地把自己收敛为一个零。”她很豁达，懂得人生的终极意义，也明白自己的位置所在，所以哪怕暂时受到排挤与无视，依然能持平和的心态，踏踏实实地做自己的事。钱锺书体贴妻子，所里只给钱锺书发一张《天鹅湖》的票，钱锺书看妻子没有，便不去；每年劳动节观礼，钱锺书有排在前面的“大红条”，见妻子没有，便也不去。夫妇二人行路至此，愈加默契。

中关园的寓所，被他们称为“容安室”，取陶渊明“审容膝之易安”之意，意思是斗室足以安身。钱锺书在《容安室休沐杂咏》中写道：

> 曲屏掩映乱书堆，家具无多位置才。
> 容膝易安随处可，不须三径羡归来。

杨绛与钱锺书都爱苏东坡，羡慕他的“万人如海一身隐”，也赞同庄子所谓的“陆沉”，并赞同英美人把社会比作“蛇阱”。后来她在散文《隐身衣》中讲道：

> 阱里压压挤挤的蛇，一条条都拼命钻出脑袋，探出身子，把别的蛇排挤开，压下去；一个个冒出又没入的蛇头，一条条拱起又压下的蛇身，扭结成团，难分难解的蛇尾，你上我下，你死我活，不断地挣扎斗争。钻不出头，一辈子埋没在下；钻出头，就好比大海里坐在浪尖儿上的跳珠飞沫，迎日月之光而斗辉，可说是大丈夫得志了。

杨绛懂得这套生存法则，也看得通透。如此生活，反倒可以看透人情冷暖、世态炎凉。

古往今来，自有人避开“蛇阱”而“身藏”或“陆沉”，消失于众人之中，如水珠包孕于海水之内，如细小的野花隐藏在草丛里，不求“勿忘我”，不求“赛牡丹”，安闲舒适，得其所哉。一个人不想攀高就不怕下跌，也不用倾轧排挤，可以保其天真，成其自然，潜心一志完成自己能做的事。

然而她并不希望这种超脱变成阿Q式的精神安慰，相反，她希望物能尽其用，人能尽其才，守好初心，做好自己便可以了。

我们不妨再加上一句:“是什么料，充什么用。”假如是一个萝卜，就力求做个水多肉脆的好萝卜；假如是棵白菜，就力求做一棵瓷瓷实实的包心好白菜。

这种笃定与从容，让杨绛在杂乱的世界中始终守着一方自己的田地。她在这块田地里辛勤耕耘，播种的与收获的，都是自己喜爱的果子。无论在何种社会环境中，哪怕周围的朋友不能再坚持，她始终挺得过来。

迁到容安室后，钱、杨二人在住所门前种了五棵柳树，一如五柳先生，以此明志。

1955年，杨绛前所未有地得了一张末等绿色观礼条，可以在劳动节去天安门广场观礼。她很兴奋，5月1日一大早便兴冲冲地乘车前往。杨绛看到车上有个戴绿条儿的女同志，喜出望外，忙与她坐到一起。一路上，她跟着“绿条儿伙伴”穿过街，在观礼台上找到了自己应该去的位置。

杨绛在观礼台上等了好久，但除了四周的群众和他们手里的各色纸条，她什么也没看见。忽然远处传来消息:“来了，来了！”

群众欢呼起来。他们手里举的纸花，汇成一片花海，浪潮般升起又落下——想必是领袖在天安门上出现了。接下来就是游行队伍的脚步声，他们都齐声喊着口号。忽然天上放出一大群白鸽，又迸出千百个五颜六色的氢气球。红旗一簇一簇从眼前过去，和着花海，很是壮观。

回到家里，家人问杨绛看见了什么。她忽然很茫然，什么也答不出。她心想，虽然啥也看不见，虽然没有“含着泪花”，泪花儿大约也能呼之即来，因为“伟大感”和“渺小感”同时在心上起落，却也“久久不能平息”。“组织起来”的群众如何感觉，她多少领会到一点情味。

1956 年，杨绛一家随文学研究所一道搬出燕园，到中科院哲学社会科学部所在的中关村住。后经一再搬迁，1959 年他们一家搬到东四头条一号的宿舍里。这是个大杂院，家家户户挨得亲近，走动也多。杨绛素来与旁人亲近，大杂院的生活、吵吵闹闹的孩子与左邻右舍的琐事，让她沉浸在烟火中，得了许多人情味。

文学研究所与人民文学出版社合作出版三套丛书：一套文艺理论，一套中国古典文学作品，一套外国古典文学名著。文学所负责选题、供稿，人文社编辑出版。所内研究员都是编辑委员，只有杨绛一人不是。编委每次开会，都要到北京的著名馆子同和居吃一顿酒席。钱锺书每次吃完回家，都要盛赞吃到的香酥鸡和乌鱼蛋汤等名菜。杨绛只有干嘴馋的份。

但杨绛却没少做编委的事。有时作者、译者与责任编辑三者意见不一，僵持不下，便会喊杨绛来仲裁。杨绛心里清楚，这种事稍有偏颇便会引起当事人不满，很得罪人。但好在人们普遍对她有种误解，无论她做什么，都觉得是钱锺书暗中帮助了的。这让杨绛有些委屈，却也多了一层保护伞。钱锺书在学术上向来有权威，杨绛的意见也多了威严，两次仲裁，各方都很满意。第三次别人又来找杨绛，杨绛不干了。同事替她抱不平，说她不是编委却一直干编委的活。何其芳听了心里不是滋味，便让杨绛做了编委。谁料她刚去同居和吃了一顿，“文革”便开始了，杨绛因此遭了批判。她自忖：“活该！我自己讨的！”但即便不做这个编委，杨绛身为“老先生”，成为“牛鬼蛇神”总是免不了的。

雕琢与淬炼

一

文学所里其他小组都不肯主动接纳杨绛，杨绛只期望进到现代组，因为现代组能读到新出的书。后来她虽“混迹”在现代组里，但依然无研究课题。

她便开始翻译法国作家勒萨日的《吉尔·布拉斯》。杨绛工作起来很有计划，每周按五天计，每月按二十天计，每年二百天计，都有任务，定得很紧，但开会和运动往往占去很多时间。杨绛翻译《吉尔·布拉斯》的后期，时间很是局促，忙得面无人色。钱锺书与钱瑗都很心疼她，帮她找书节省时间。临近出版，杨绛请钱锺书帮忙校对。钱锺书看得仔细，遇到不满意的翻译，便在稿纸上使劲打叉号。杨绛又急又气：把稿纸划破了，她还要重抄呢。钱锺书却只说“我不懂”。直到杨绛答应把“我不懂”的段落重新翻译一遍，钱锺书才点头答应。他还替杨绛做了几条有关文艺理论的注，杨绛对他的注很是满意。

1954 年，《吉尔·布拉斯》翻译完毕，《译文》月刊分期刊出。杨绛译得很好，还得了《世界文学》主编陈冰夷的点名表扬。杨绛文风向来平和细腻，《吉尔·布拉斯》与她以前的文风略有不同，各家对此讨论颇多。1954 年 4 月 26 日，傅雷与宋淇书写道：“杨绛译的《吉尔·布拉斯》(Gil Blas——一部分载《译文》)，你能与原作对了几页，觉得语气轻重与拆句方法仍多可商榷处。足见水平以上的好译文，在对原作的interpretation方面始终存在见仁见智的问题。译者的个性、风格，作用太大了。闻杨译经锺书参加意见极多，惟锺书‘语语求其破俗’，亦未免矫枉过正。”钱锺书对杨绛的翻译影响可见一斑，却也暴露了许多人“自动地”将杨绛置于钱锺书阴影下的心理。

那时年轻人初进文学所，只要条件允许，都要由一位资深专家指导。一个名为董衡巽学生归了杨绛指导。杨绛开始没有答应，自谦说自己“政治思想水平低”，指导不了年轻同志。后来杨绛与董衡巽接触了几次，发现他对文学有些造诣，便也同意了。由此，董衡巽成了杨绛的门外弟子。

杨绛很有责任心，凡事不答应便不答应，但无论是否乐意，只要答应下来了，就一定会尽全力做到最好。她对董衡巽的指导非常认真，开书目、指导阅读、解答问题、批改翻译习作，都非常用心。但好景不长，他们的师生互动刚渐入佳境，便因杨绛参加下放劳动而不得不中止。董衡巽对老师很敬仰，曾谈到老师的译作《吉尔·布拉斯》：

为了提高翻译水平，我读了杨先生翻译的法国文学名著《吉尔·布拉斯》。读的时候很感到一种语言文体美。译文像行云，像流水，从容舒缓，有时夹杂一些上海话，虽是方言，却与自然流畅的译文浑然一体。流浪汉体小说有时候枝蔓横生，但得力于译文的可读，我能一口气读完。不过，读完之后，我产生过一点疑虑：原文也是这样优美、这样畅达吗？其中有没有译者的“加工”？当时不无疑虑。我不通法文，不敢妄说。

最近读到法国文学专家郑永慧同志的文章。她说：“我在大学时看过《吉尔·布拉斯》原文，对勒萨日的文章有一定印象。50年代读杨绛的译本时，就惊异于行文之流畅，用词之丰富，认为完全符合茅盾同志的要求：‘运用适合于原作风格的文学语言，把原作的内容与形式正确无遗地再现出来。’应认为是文学翻译中卓越的范例。”

杨绛翻译《吉尔·布拉斯》时是在英文组，职务是“研究”。不去研究英国文学而翻译法国小说，她觉得自己有点“不务正业”，急急结束翻译后便开始研究英国作家菲尔丁的小说，将成果写成论文。不料在1956年的“拔白旗”运动中，杨绛的论文和钱锺书的《宋诗选注》都成了“白旗”。钱锺书还在城里参加翻译毛选的定稿工作，“拔”他《宋诗选注》的批判，都由杨绛代为转达。后来因日本汉学家吉川幸次郎和小川环树等人对这本书的推崇，钱锺书的“白旗”便不“拔”了。可怜杨绛的论文仍然是“白旗”，“拔”下来还要“撕得粉碎”。她暗下决心，再也不写文章，一心遁入翻译。钱锺书笑她是“借尸还魂”，而她不过是想要“遁身”而已。

二

1956年全国掀起了“大鸣大放”的热潮，方式是召开座谈会，并把各种“鸣放言论”登报。各政党机关、群众团体以及教育、科技、文艺、新闻、出版、卫生等各界也陆续召开了各种形式的座谈会，号召向党提意见。

人声鼎沸，钱锺书与杨绛却一语不发。不少人劝他们“鸣放”，他们也始终不为所动。

1958年“大跃进”时期，文学所决定分批派员下乡去接受社会主义教育，改造自我，地点在北京郊区。杨绛第一批下乡。此时女儿已经下厂炼钢，钱锺书独自在京，一个月过后也下了乡。杨绛没能为钱锺书整理行装，放心不下。那时规定，四十五岁以上的女同志可以免于下乡，但杨绛怕与同志们脱节，自愿下乡。但她觉得自己下乡的动机不纯正：“我第一很好奇，想知道土屋茅舍里是怎样生活的。第二还是好奇。听说，能不能和农民打成一片，是革命、不革命的分界线。我很想瞧瞧自己究竟革命不革命。”

她与其他人一道，扛着铺盖卷，拎着提包，拿着网袋，风风火火地就坐着长途汽车到了京郊。长途车靠站，把他们一行人和行李丢在路边便开走了。可怜杨绛一个人，肩背手提一堆行李。体力好的男同志走得快，早不知去向；体弱的同志落在后面，也不见踪影，杨绛大有“前不见古人，后不见来者”的惶恐。她不能停在半路上，只好拼命往前赶，咬着牙走到筋疲力尽时才看到一处房屋，上面写着“人民公社”四个字，算是到了。

来的这批人被分成两队，一队前往富庶的稻米之乡，由副队长带领；一队被分在贫瘠的山村，由正队长带领。杨绛被分在太和庄，是个山村。分到那里的连同队长共五男二女。队长名蔡仪，是个谦和谨慎的老同志。当晚，他们一行人在公社打了地铺，胡乱对付一晚，第二天一早便奔赴各自的村庄。

一位老先生刚进村子，就指着一个农村姑娘说：“瞧！她像不像蒙娜·丽莎！”大家都说像，都叫那个姑娘“蒙娜·丽莎”。又有一位老先生，看打麦场上有个高高瘦瘦、留着一撮胡子的老人，觉得他像堂吉诃德，大家便又一起喊他“堂吉诃德”。

杨绛自觉是过过苦日子的，对困难并不放在心上，但到太和庄后，她才发觉这个村子的落后超出了她的想象。在《第一次下乡》中，她描绘了记忆中太和庄的样子：

> 我们那村子很穷，没一个富农。村里有一条大街或通道，连着一片空场。公社办事处在大街中段，西尽头是天主教堂，当时作粮库用，东尽头是一眼深井，地很高，没有井栏，井口四周冻着厚厚的冰，村民大多在那儿取水。食堂在街以北，托儿所在街以南。沿村东边有一道没有水的沟，旁边多半是小土房。砖瓦盖的房子分布在村子各部。村北是陡峭的山，据说得乘了小驴儿才上得去。出村一二里是“长沟”，那儿有些食用品商店，还有一家饭馆。
>
> 那时候吃饭不要钱。每户人家虽各有粮柜，全是空的。各家大大小小的腌菜缸都集中在食堂院子里，缸里腌的只是些红的白的萝卜。墙脚下是大堆的生白薯，那是每餐的主食。

真正生活在这里之后，杨绛才发现还有许多关口等着她去过，她将这些关口称之为“过五关，斩六将”。

第一关是“劳动关”。公社“煞费苦心”，为他们安排了又不累、又不脏、又容易的活儿——砸玉米棒子。他们各备一条木棍，在打麦场上席地坐在一堆玉米棒子旁边，举棒拍打，把玉米粒儿打得全脱落下来，然后扫成一堆，用席子盖上。有时候他们会被安排用手推车运送地里的秫秸杂草。推车时要把稳两手，分开两脚，脚跟使劲走，把袜跟都踩破。杨绛很能干，能把秫秸杂草堆得高过自己的脑袋，然后推车上坡，拐个弯，再推下坡，车不翻。

杨绛看得出来，他们下乡干的全是轻活儿。“劳动关”对他们而言是“虚掩着的”，一走就“过”，不必冲杀。

第二关是“居住关”。农民让出一个大炕，给五位老先生睡。后来天气转冷，村里腾出一间空房。他们把房间打扫了，糊上白绵纸，买了煤，生上火，就算有了个窝。杨绛和另一个女同志只好“打游击”。公社里怕冻着了她们，就让她们睡在一户工人大嫂家。工人家有钱买煤，可以烧暖炕。但她俩没住几天，工人就回来“度假了”，党支部书记只好连夜帮她们搬了家。

她们搬到了公社的缝纫室。缝纫室里有一张竹榻，还有一块放衣料什物的木板，宽三尺，长六七尺，高高架在墙顶高窗底下，离地约有二米。她们睡觉时得登上竹榻，再登上个木桩子，攀缘而上；躺下了当然不能翻身，得挨着墙一动不动，否则会滚下来。杨绛照顾女伴，让她睡下铺，自己睡在上铺，经常半睡半醒地过夜。窗隙凉风拂面，倒很清新，比闷在工人大嫂家煤味、人味、孩子屎尿味的屋里舒服得多。

不久，村里开办了托儿所。托儿所的教室里摆着一排排小桌子小凳子，前头有个大暖炕。她们与另单位的两个女同志同睡这个大炕。杨绛每早要擂着拳头把女伴打醒，急急穿衣洗漱。一个个娃娃已站满炕前，目不转睛地瞪着她们看，她感到自己成了动物园里的猴子。好在暖炕住得舒服，她们很满意。

第三关是“饮食关”。杨绛他们不属于生产队，吃饭得交钱。如果加入干部食堂，每日两餐，米饭、炒菜，还加一汤，丰盛是丰盛，只是贵；农民食堂饭钱便宜些，一日三餐，早晚是稀的，中午是窝头、白薯。他们愿意接近老乡，也不惯吃两顿干饭，就加入了农民食堂，早晚吃玉米渣儿煮白薯块。杨绛很喜欢粥，又稀又腻。后来她回忆起那时的吃食，似乎唇齿间还留着窝头甘甜的味道：

厨房里把又软又烂的白薯剥了皮，揉在玉米面里，做成的窝头特软。可是据说老乡们嫌“不经饱”。默存在昌黎乡间吃的是发霉的白薯干磨成的粉，掺和了玉米面做的窝头，味道带苦。相形之下，我们的饭食该说是很好了。厨师们因我喜爱他们做的饭食，常在开饭前拣出最软最甜的白薯，堆在灶台上，让我像贪嘴孩子似的站着尽量吃，我的女伴儿也同吃。可是几位老先生吃了白薯，肚里产生了大量气体，又是嗳气，又是泄气。有一次，一位老先生泄的气足有一丈半长，还摇曳多姿，转出几个调子来。我和女伴儿走在背后，忍着不敢笑。后来我拣出带下乡的一瓶食母生，给他们“消气”。

我那时还不贪油腻。一次梦里，我推开一碟子两个荷包蛋，说“不要吃”。醒来告诉女伴，她直埋怨我不吃。早饭时告诉了同桌的老先生，他们也同声怪我不吃，恨不得叫我端出来放在桌上呢！我们吃了整一个月素食，另一单位的年轻同志淘沟，捉得一大面盆的小活鱼。厨房里居然烧成可口的干炙小鱼，也给我们开了荤。没料到猫鱼也成了时鲜美味。我们吃了一个月粗粝之食，想到大米白面，不胜向往。分在稻米之乡的那一队得知我们的馋劲，忙买些白米，烦房东做了米饭请我们去吃。我像猪八戒似的一丢一碗饭，连吃两碗，下饭只是一条罐头装的凤尾鱼（我们在长沟共买得二罐）和半块酱豆腐。我生平没吃过那么又香又软的白米饭。

以后，我们一伙都害了馋痨——除了队长，因为他不形于色，我不敢冤他。他很体察下情，每一二星期总带我们到长沟的饭馆去吃一顿豆浆油条当早饭。我有时直想吃个双份才饱，可是吃完一份，肚子也填得满满的了。我们曾买得一只大砂锅，放在老先生住的屋里当炊具，煮点心用。秋天收的干鲜果子都已上市，我们在长沟买些干枣和山楂，加上两小包配给卖的白糖，煮成酸甜儿的酪，各人拿出大大小小的杯子平均分配一份。

队长很近人情，和大家同事。我的女伴出主意，买了核桃放在火上烧，烧糊了容易敲碎，核桃仁又香又脆，很好吃。反正什么都很好吃。每晚灯下，我们空谈好吃的东西，叫作“精神会餐”，又解馋，又解闷，“吃”得津津有味。“饮食关”该算是过了吧？

杨绛向来胃口小，也不贪恋吃食。饮食差了，她总是能克服。但“方便关”对她来讲，便着实为难了。

有一次，食堂供绿豆粉做的面条，杨绛吃了半碗，消化不好，半夜拉肚子。她想去“五谷轮回所”，但“轮回所”在小学后门，还要走半条路才到。杨绛怕黑，大半夜走这么远的路对她来说着实为难。女伴睡得正香，杨绛不忍将女伴叫醒，便硬着头皮，大着胆子，带个手电悄悄出去。她摸索到通往大厅的腰门，推一推纹丝不动，打开手电一看，上面锁着一把大锁呢。她实在无法，又顺着走廊往远处跑，经过一个院子，转进去有个大圆洞门，进去又是个院子，微弱的星光月光下，只见落叶满地，阒无人迹。她想起家里那只猫，学了猫习性，摸索得一片碎瓦，权当爪子，刨了个坑，然后掩上土，铺平落叶，权当过关。

第五关是“卫生关”。清洁离不开水。山村地高井深，打了水还得往回挑。他们搬离借居的老乡家时，都要把老乡家水缸打满，院子扫净。杨绛她们每人备了一只暖水瓶，每天早上从厨房打一壶热水，连喝带用。除了早晚，她们不常洗手，更不洗脸。她们手背比手心干净些，饭后就用舌头舔净嘴角，用手背来回一抹，就算洗脸。下乡的日子，她们整整两个月没洗澡。老先生们照顾杨绛她们两个女同志，每两星期专为她们烧些热水，供她们洗头发，洗换衬衣。至于罩衣上的斑斑点点，她们都在开会时“干洗”——就是搓搓刮刮，能下的就算洗掉。杨绛是江南女子，一向在城市里生活，能吃得下这些苦，不得不让人佩服。

与恶劣的卫生条件相伴的，往往是疾病。食堂里有个害肺痨的，嗓子都哑了。杨绛在街上也曾见过一个烂掉鼻子的。杨绛他们吃饭得用公共碗筷，心上嫌恶，只好买一大瓣蒜，狠命吃生蒜。好在人人都吃，谁也不嫌谁臭，压根儿闻不到蒜臭了。

“过五关”对杨绛来说不算轻松，但她与村子里的人们关系却很好，常有人称她“俺大姑”。杨绛得意地说：“我在上层是个零，和下层关系亲密。”

那时杨绛与钱锺书的婚姻已经持续了二十多年，却还像新婚的夫妻一样成双入对，亲亲热热、恩恩爱爱地过日子，令人好生羡慕。幸福的婚姻让女人变美，她眉眼间全是温柔。即便在单位受了委屈，有丈夫疼惜，自己心胸也开阔，她并不因此而憔悴。此时的杨绛身材匀称，皮肤白皙，步履轻盈，大方，见人总是和颜悦色，说话慢条斯理，举止温文尔雅。1959年，钱锺书为杨绛写诗一首：“弄翰捻脂咏玉台，表编粉指更勤开。偏生怪我耽书癖，忘却身为女秀才。”钱锺书在城里工作的时候，杨绛形单影只。杨绛下乡之后，钱锺书也牵肠挂肚，食不知味。

他放不下妻子，便恢复了热恋时的习惯，每天给妻子写一封信。杨绛说：“这时是默存一辈子写得最好的情书，用他自己的话，‘以离思而论，行者每不如居者之笃’，‘惆怅独归，其情更凄戚于蹋凉长往也’。”

杨绛很宝贝这些信，每一封都读了又读，舍不得丢。一开始她把信藏在口袋里，后来信多了，口袋塞不下，就藏在提包里。提包不在身上，她的心也跟着提包走了。这些信如果被别人看到，将会引起什么样的麻烦啊。她狠狠心，把信一股脑烧了，一边烧一边可惜，心疼了很久很久。

杨绛下乡原定三个月，但后来缩短到两个月，其中有临近年关，照顾老乡生活、不给群众添麻烦的意思。回城前他们互相提意见，总结经验，杨绛得了“能和群众打成一片”的评价，很是得意，终于能“毕业回家”了。

三

回研究所上班后，杨绛依旧指导董衡巽，主要是指导他的翻译。董衡巽试着翻译了一篇英国小说家萨基的短篇小说《开着的窗门》，然后拿着稿件向杨绛请教。

杨绛很快便看完稿件，找来董衡巽，温和地问：“你是不是朱光潜先生的高才生？”

董衡巽在北京大学西语系英语专业读书时，导师的确是朱光潜。此时他为表谦虚，连声说“不是、不是”，心里却有些得意，等着杨先生的表扬。

杨绛并不吭声，只将稿件递给他。董衡巽接过一看，上面接连打了十几个问号，顿时就红了脸。

杨绛又问：“你是怎么翻译的？”

“我是这样翻译的：头一遍对着原文边查字典边译，译得很慢，第二遍润色中文，速度就快了；最后誊清，誊的时候再改中文。”

“你这个方法不对，你译第二遍、第三遍的时候，应该更加严格对照原文，看译文是不是符合原文，有没有走样。”

董衡巽对此很感激，后来他讲道：“(那次)犯的错误可能是学者的通病，但杨先生这次谈话给我上了一堂端正态度的启蒙课。我头一次感到翻译是一件难事，这难首先难在态度。纪实属于水平方面的问题，如果竭尽全力反复琢磨，也会减少一点错误。也许可以这样认为：认真地翻译和不认真地翻译，对于同一个译者来说，效果的差别会是惊人的。”

指导新人之余，杨绛有了翻译西班牙著作《堂吉诃德》的任务。那时“三套丛书编委会”的领导、中宣部副部长林默涵觉得《吉尔·布拉斯》翻译得很好，便决定请杨绛翻译《堂吉诃德》。杨绛找了五种最有名望的英文、法文译文仔细阅读，还是觉得转译有所欠缺。她说：“五种版本各有所长和不足，很难确定用哪一个更好。我觉得任何译本都不能代表原作，要求对原作忠实，只能从原文翻译。”但那时杨绛虽精通英文和法文，却是不通西班牙语。她决定从头开始学西班牙语：“一九六零年三月，我读毕《西班牙文入门》后，便开始阅读拉美的西班牙文小说。由浅入深，渐渐能读懂比较艰深的文章了。”她选了最具权威性的西班牙皇家学院院士马林编注的《堂吉诃德》作为原本，正式着手翻译。

1963年，杨绛到上海探望生病的八妹杨必。杨必在全国高校院系调整时，被分配到了上海复旦大学外文系任副教授。她翻译的英国作家萨克雷的小说《名利场》，是难得的佳作。借着这次探望，杨绛拜访了傅雷和朱梅馥夫妇。那次拜访很愉快，朱梅馥告诉她自已两个孩子的近况；傅雷很有兴趣地和她谈论了翻译上的一些问题。杨绛没有想到，那是她与傅雷夫妇的最后一次见面。事后回望，不禁让人生出“别时容易见时难”之感，因为改变他们甚至国家命运的大事发生了。

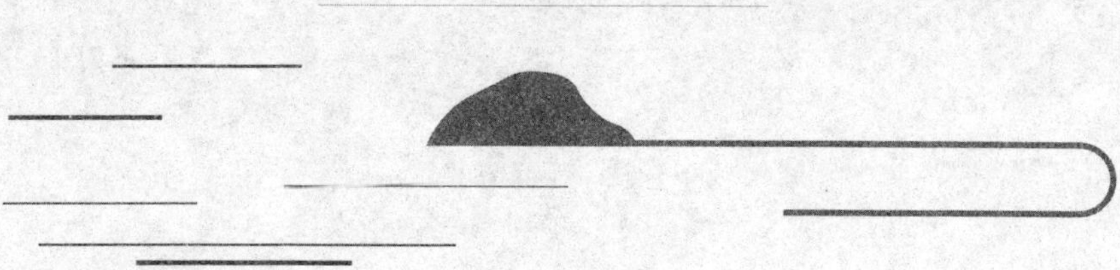

第六章

川入海洋

失去与得到

一

“文革”爆发，钱、杨二人被先后下放到河南息县，1972年3月才返回北京。回北京之后，钱锺书与杨绛夫妇先是住在下干校前住的干面胡同学部宿舍，后来钱锺书与杨绛向组织递了申请，开始“流亡”生涯。

他们“流亡”的第一站便是钱瑗在北师大的集体宿舍。这宿舍是钱瑗读书时住的，此时空着。钱瑗与两个同事原本午饭后会在这里休息，后来因为房间朝北，实在阴冷，便只剩钱瑗一人住。

钱锺书与杨绛搬家搬得匆忙，家具更是少得可怜。宿舍里的左邻右舍听说钱瑗的爸爸妈妈来了，都出来迎接。他们同情钱家的遭遇，纷纷从家里找出被褥、锅碗瓢盆甚至油盐酱醋接济杨绛。

钱瑗平日忙碌，并无时间整理宿舍。杨绛推门而入，只见房间又乱又潮湿，东西两墙沿墙各摆着三张上下铺的单人床，中间对拼四张书桌，床下杂物堆得乱七八糟，书桌上满是灰尘。杨绛花了大半天，又是整理又是打扫，还在走廊生起煤炉，把钱瑗从食堂带回来的饭菜回了锅。一家人在简陋的宿舍吃了顿简单的饭，心上却是无比温暖。

钱锺书体弱，北向房间阴冷的风将他冻得生了病。钱瑗一个同事听说了，便将自己教职员宿舍的两间房腾出来，让给他们一家住。

一家人匆匆搬家。钱锺书看杨绛辛苦，便想帮忙。他多年“笨手笨脚”的毛病还在，扫积灰时扫把扇起一阵尘土，他一下吸了个饱。他感冒未好，体质又差，由此引发了哮喘，打针吃药都不见好，直喘得上气不接下气。一天下午，钱锺书呼吸急促，情况凶险，一群人急急将他送到医院。医院抢救了近四个小时，终于将他救了回来。

这次事故之后，钱锺书由于大脑缺氧留下了短暂的后遗症：手脚活动不灵活，口齿不清。好在后遗症并没有持续多久。

夫妻二人在职工宿舍度过寒冬后，便不好意思继续占着别人的房子。他们去文学所军宣队求了一间堆杂物的办公室，打算暂时住在那里。学部的年轻人很热情，相约着把办公室打扫得清清爽爽。夫妻二人很感激。这间办公室距离资料室近，为钱锺书撰写《管锥篇》、杨绛翻译《堂吉诃德》提供了不少便利。两部著作正是在这里完成。

他们在办公室住得舒服，便有了在这里终老的想法。房里要点煤球炉，杨绛就买了好些蜂窝煤，整整齐齐地码在走廊下。有人提醒她不要买这么多，她没能猜到那人话中的意思。

1977 年 1 月，学部的办事员忽然给了她一串钥匙，叫她坐着学部的汽车，到三里河去看房子。三里河有国务院新盖的宿舍，他们在那里得了一套新居。杨绛不明就里，办事员对她说：“如有人问，你就说‘因为你住办公室’。”

杨绛和钱瑗一起去看了房子。这套房一共有四个房间，一间是他们夫妇的房间，一间留给钱瑗住，一间是书房，最后一间作饭厅。朋友们得知消息，很是开心，一齐张罗着把夫妻二人办公室里的连同干面胡同旧居里的家具一股脑搬到了新房。至于这套房从何而来，钱锺书与杨绛猜测了许久，怀疑这个怀疑那个，终究觉得不可能。何其芳夫妇常来看他们，但对房子来由并不知情。胡乔木也常来，但从不提房子的事。直到 10 月份，胡乔木见阿姨在走廊支了张床睡，便问他们："房子够住了吗？"钱锺书与杨绛这才知道，胡乔木就是那个幕后的好心人。

杨绛很感激，答道："始愿不及此。"

其实阿姨本有饭厅可以睡，但嫌夫妻俩去饭厅倒开水吵，便不愿去住。杨绛把开水瓶挪到卧室，阿姨便搬回饭厅住了。

迁居后，杨绛看邻居邹家华经常在松树下做大雁功，觉得神奇，便主动师从他练功。邹家华很大方，送她一本杨梅老太太写的《大雁功》，认认真真教她练。她很认真，每练功必大汗淋漓，很快就学会了。钱锺书笑她，她便拉钱锺书一起练。钱锺书也很快学会，两人一起练得起劲。大雁功功效了得，杨绛觉得不错，坚持练了很长时间。

后来钱瑗从英国带回两辆脚踏健身车，夫妻二人便每天踩十五分钟健身车，权当锻炼。他们保持着散步的习惯，只要天气晴好，便会一起下楼走上一二十分钟。

杨绛觉得自己的字写得不好，总是坚持练字，直到晚年也不放弃。她年轻的"小朋友"们曾感叹先生练习之认真，杨绛答："她们书法都天生好，唯我独劣。但我从1930年坚持至今，字又那么糟，很有恒心了。"钱锺书的字好，杨绛便请他当教员，钱锺书欣然应允。他向杨绛提要求：学生必须每天交作业，由他评分，过后要改正。

老师批改作业果然认真。学生写得好的，他便用红笔画个圈；写得不好的，便画个杠。杨绛嫌他画的圈不够圆，找到一支笔管，让他蘸着印泥在写得好的地方打个标记。钱锺书知道她想多挣几个红圈儿，便故意逗她，找更多运笔差的地方打杠。杨绛并不气恼，反倒对老师的批注更加重视。

二

1977 年，学部撤销，成立中国社会科学院。1978 年，《管锥篇》出版。1982 年，钱锺书出任社科院副院长。世事变化，杨绛仍旧在以前的岗位"一动不动"，这正应了钱锺书早些年的判断。她似乎仍然是个零。但改革开放后，杨绛不再遁于翻译，开始重新拾笔创作散文、小说以及文论。她的生命似乎复燃了。

1977 年，根据原文重译的《小癞子》定稿后，杨绛开始利用业余时间创作小说，先后写出了《大笑话》《玉人》《鬼》《事业》等作品。钱锺书给女儿写信时调侃道："得信，之又大作论文，盖与汝母之大作小说，皆肚里有货之证；若我则搜索枯肠，不成片段。德谚嘲空腹所谓'既无臭屎，亦无孩子'。"

《大笑话》颇有《小阳春》的风格，讲述二十世纪三十年代北京高级知识分子太太之间的荒唐消遣。故事发生在一个叫平旦学社的学术机构。周逸群是民法学家林子瑜的太太，她与年轻大夫赵守恒有扯不清道不明的暧昧关系。后来赵守恒与副社长太太朱丽勾搭在了一起，周逸群愤恨不平，一心报复。她想到了生物研究室已故王世骏博士的遗孀陈倩。陈倩年轻漂亮，招人喜欢，周逸群便打算将她从上海请来介绍给赵守恒，以拆散他与朱丽。周逸群与其他几位太太一道策划了如何介绍陈倩来北京，又串通了王博士远在上海的姐姐，叫陈倩到北京来取走王博士的生物切片，处理他留下来的家具。

陈倩是个单纯律己的人，洁身自好、积极向上。因为家里还有生病的父亲，她一直在上海一所女中做秘书，挣钱养家。她在北京办完事后想回上海，周逸群却夺下她的车票，非要留她多住几日。几个太太像审犯人似的，将陈倩盘问了个底朝天。赵守恒果然欣赏陈倩，希望在聚会上再见她一次。朱丽发现后，故意缠住赵守恒不让他赴宴。

周逸群的丈夫林子瑜将一切看在眼里。他欣赏陈倩温文尔雅、知书达理，对老婆和那些太太的行为很是反感。他一心想帮陈倩，不让她上当受骗。陈倩也觉得林子瑜和蔼可亲，是真正了解自己的人。她看了林子瑜的民法讲稿，对他的欣赏更进了一步，两人经常聚在一起谈天。

朱丽发现二人关系亲近，大喜过望，想方设法制造林子瑜与陈倩的奸情。她知道周逸群进城，便故意给陈倩留了落款周逸群的字条，请陈倩去卧室详谈。陈倩匆匆去见周逸群，却只看到穿着睡衣的林子瑜。二人知道中计，陈倩忙从正门出去，却“正巧”撞到学社的一群太太。

第二天，学社流传着一个“大笑话”：要抢别人的情人，结果输掉了自己的丈夫！

陈倩听说了这个“大笑话”，决定马上离开这个是非之地。她去平日与自己交好的太太家辞行，未进门时，听得客厅里欢声笑语、热闹非凡，她一露面，瞬间鸦雀无声。她告辞后刚刚转身出门，客厅里立马哄堂大笑。笑声像大炮一样追着她，直追到火车站。直到上了车，陈倩仿佛还听到耳朵里有人在喊：“大笑话！大笑话！大笑话！”

《大笑话》不仅写了高级知识分子太太们间无聊的交往，也展现了林子瑜与陈倩之间若有似无的感情。人遇知己而不得，错过误终身。喧闹荒唐之后，留下的是悠长不断的淡淡哀伤。与早年的《小阳春》相比，杨绛的笔触少了细腻，多了些许岁月沉淀磨砺后的大气；但在情节上，《大笑话》更多了几分曲径通幽的故事性与戏剧性。钱锺书认为，这是1949年后杨绛写得最好的一篇小说。

《事业》是以振华女校校长王季玉先生为原型创作的一部小说。

王季玉校长早年留学，回国后一心投入教育事业，奋斗终生，一生未婚。季玉先生的意志力一直鼓励着杨绛。杨绛在做振华女校校长时，从季玉校长那里学了许多处理具体事务的技巧和方法，令她终身受益。但既然写的是小说，便有许多艺术的想象与创作的空间，《事业》中的主角终究不能全然等同于王季玉。

后来，杨绛将早些年的《璐璐，不用愁》连同《大笑话》《玉人》《鬼》《事业》集结成册，1982年由人民文学出版社出版。

《洗澡》也是杨绛二十世纪八十年代很有代表性的作品。故事发生在“三反”运动期间，讲述了知识分子在运动中的精神变化，同时深刻反思了这场运动。1949年，“北平国学专修社”改名为“文学研究社”，各路人才纷至沓来，有1949年后仍留在国内的，有从英美法俄归来的，有解放区来的文艺干部，还有刚毕业的大学生。形形色色的知识分子各怀心思，明争暗斗，将人性暴露无遗。

姚宓本是名牌大学教授之女，因家庭变故，只能到图书馆做管理员。她娴静深沉，聪颖有才华，引来有妇之夫许彦成的爱慕。许彦成与杜丽琳夫妇表面相敬如宾，实则话不投机，并无感情。姚宓与许彦成心意相通，却被许彦成的婚姻阻隔。杜丽琳则小心翼翼，不乱分寸，勉力维持婚姻。很快“三反”运动开始，每个人不得不从自己的小圈子里出来，接受当众“洗澡”，又不免都在风雨飘摇的年代为自己的前途忧心忡忡。

《杨绛论》作者胡河清曾评价说，《洗澡》是“中国文学中少有的一部以精神恋爱为题旨的小说”。杨绛写《洗澡》，实际上是她自己创作长篇小说的试验：“我没有写过长篇小说，只是看过很多，我有点手痒，所以过过瘾。”这部长篇小说分三部分，分别是洗澡的前因、过程以及结果。在《前言》中杨绛写道：“写知识分子改造，就得写出他们改造以前的面貌，否则从何改起呢？凭什么要改呢？改了没有呢？”

《洗澡》出版后大获成功，知识分子尤为偏爱这部小说。胡乔木赞赏道：“你写的几对夫妻身份都很合适。你是简·奥斯丁派，不是哈代派。”

著名文学家施蛰存也对《洗澡》中语言的运用赞不绝口：“语文纯洁，本来是读者对作品的最低要求。但近十年来，却已成为最高的要求，在一群三十岁左右的青年作家的作品中，要找一本像《洗澡》那样语文流利纯洁的作品恐怕很不容易了。”他甚至称她“运用对话，与曹雪芹有异曲同工之妙”，《洗澡》是“半部《红楼梦》加上半部《儒林外史》”。

除去小说，这一时期杨绛亦有《干校六记》《将饮茶》《杂忆与杂写》等散文集出版。《干校六记》发表于1981年，包括《下放记别》《凿井记劳》《学圃记闲》《“小趋”记情》《冒险记幸》《误传记妄》六篇散文，追忆她在干校时的所见所闻。杨绛的文风很温和，所思所叙大多是琐碎的生活与跳跃的情思。她的散文更是像她本人，充满克制与理性，却暗藏讽刺与幽默，平静的外壳下有着奔腾的热情涌动。钱锺书向来以“刻薄”著称，却对妻子赞赏有加：“杨绛的散文是天生的好，没人能学。”《干校六记》大获成功，被译成多国语言，传播甚广。1983年，英国《泰晤士报》在文学副刊上发表学者书评，称《干校六记》是“20世纪英译中国文学作品中最突出的一部”。

1979年冬，杨绛应社科院近代史研究所之邀，撰写了《回忆我的父亲》《回忆我的姑母》两篇文章，并在1985年以回忆两篇为题出版。两篇追忆文章一如杨绛往日风格，语言温和，内容细碎。她像很多普通人家的小女儿一样，追思父亲和姑母时，展现的都是些日常小事，很少有上纲上线的紧张。人在读这些文字时，丝毫不觉有压迫感，反倒像听朋友话家常一样亲切熨帖。到了 1987 年，杨绛将这两篇文章连同《孟婆茶》《记钱与〈围城〉》《丙午丁未年纪事—— 乌云与金边》《隐身衣》集结成册，以“将饮茶”为题出版。《将饮茶》中的“茶”便是指那碗孟婆茶了。这是一部追忆早年时光的散文集。从幼时的父亲、姑母，到抗战期间钱锺书写《围城》，再到“文革”期间的林林总总，仿佛汇成了杨绛的一生。

杨绛从未料到自己高寿。快到六十岁时，她便有了命不久矣的念头。这本《将饮茶》，大概是她对自己一生的总结吧。她出生于幸福美满的家庭，在父亲和家人的庇护下度过童年，又与充满“痴气”的钱锺书相伴，经历了最为低沉深刻的“文革”。但穷尽一生，她都只当自己是个零。她看透了人世社会不过像蛇阱，人人互相倾轧争相出头：“我们只求摆脱羁束，到处阅历，并不想为非作歹”要“消失于众人之中，如水珠包孕于海水之内，如细小的野花隐藏在草丛里。不求‘勿忘我’，不求‘赛牡丹’，安闲舒适，得其所哉。一个人不想攀高就不怕下跌，也不用倾轧排挤，可以保持天真，撑起自然，潜心一志完成自己能做的事。”她唯愿给自己披上隐身衣，不被眼下的苦恼绊住生命之光。

《杂忆与杂写》出版于 1994 年。这时她已年逾八十，这部集子完完全全写了旧事与回忆。在序中，杨绛写道：

> 我近来常想起十九世纪英国诗人蓝德的几行诗：
>
> “我双手烤着
>
> “生命之火取暖；
>
> “火萎了

“我也准备走了。”

因此我把抽屉里的稿子整理一下，汇成一集。

《杂忆与杂写》后来再版，直到2015年又有新版。其间，杨绛先生一直没有停止写作。新版较原版有删节，亦有增补。

此外，杨绛先生还撰写了不少文学评论文章。1979年出版的《春泥集》收录了她的六篇文论，分别是《堂吉诃德和〈堂吉诃德〉》《重读〈堂吉诃德〉》《论萨克雷〈名利场〉》《斐尔丁的小说理论》《艺术与克服困难——读〈红楼梦〉偶记》《李渔论戏剧结构》。1986年则有《关于小说》出版，收录了《事实——故事——真实》《旧书新解——读〈薛雷斯蒂娜〉》《有什么好？——读奥斯丁的〈傲慢与偏见〉》《补“五点文”——介绍〈吉尔·布拉斯〉》《砍余的“五点文”》。

改革开放后，杨绛的创作又到达了高峰时期，正印证了钱锺书“肚里有货”的评价。相较于“文革”前后的沉默，杨绛这一时期的表达显得尤为珍贵。不得不说，凡有人处便有政治。杨绛虽讨厌政治，但论起政治敏锐度，她是决不差的。

三

“文化大革命”结束后，他们夫妻俩也得以在中外学术界活动。1979年初，杨绛与钱锺书共同赴法。钱锺书转机到美国参加社科院派出的第一个访美代表团，杨绛则留在巴黎参加访法代表团。访法代表团以梅益为团长，涵盖社科院各科专业学者，目的是加强中法文化交流，考察学习西方先进学术成果。1983年，杨绛又随代表团到西班牙和英国做学术访问。两次访问给嗜书如命的杨绛带来极大的欢喜，她泡在几国博物馆、图书馆内，肆意阅读，再次尝到“饱蠹”的乐趣。因《堂吉诃德》的关系，西班牙人民尤其热切地欢迎杨绛，此行更是给了她无数启发。

杨绛不仅承担了将他国文化精髓“引进来”的任务，还承担了让祖国文化“走出去”的交流任务。他们三里河寓所的客厅里，曾吸引英、法、美、德、日、俄等多国学者驻足畅谈，也是许许多多年轻人爱去的地方。

二十世纪八十年代末，一批电视工作者期望把《围城》拍成电视剧。孙雄飞等人依据小说改了剧本，专程登门咨询钱锺书与杨绛的意见。杨绛读罢剧本后谈道：“其实方鸿渐这个人心肠软，意志弱，略有才学，却不能干。他的性格是被动的，什么都不主动。他反抗了一下老太爷，被一骂，就不声不响地坐下来。”钱锺书附和道：“方鸿渐是个被动的主角。Things happen to him。”

两人仔仔细细谈了改编剧本的建议。杨绛思索片刻，写了张纸条递给他们：“《围城》的主要内涵：‘围在城里的想逃出来，城外的人想冲进去。对婚姻也罢，职业也罢。人生的愿望大都如此’。”

后来，这句话被打在了电视剧每集的开头。

他们三里河南沙沟的寓所，摆设很简朴：地板是光秃秃的黄木板，并没有铺地毯，进门左手边一间二十平米的客厅，兼了书房的功能；房中有五个中型书架并排摆着，一大一小两张书桌横着，占据了大部分空间。书架上堆满了书，贯穿古今中外，满满当当展示着主人嗜书的癖好；大书桌朝西，是钱锺书的，小书桌朝南，归杨绛用。房角有两张单人沙发，聊以待客。

来客有时拿他们打趣：“为什么两张书桌大小不一样呢？”

杨绛答："他的名气大，当然用大的；我的名气小，只好用小的！"

钱锺书马上抗议："这样说好像我在搞大男子主义，是因我的东西多嘛！"

杨绛笑着答："对，对，他的来往信件比我多，需要用大书桌。"

钱锺书附和道："是，每天要回数封信，都是口头道歉，谢绝来访。"

谢绝来客倒真真正正成了他们一项重要的工作。1990 年，由《围城》改编的电视剧上映了。大众媒体力量惊人，钱锺书一下子成了明星，来访的人络绎不绝。钱锺书大概没想到，这部当年受杨绛走红刺激偶然写出的小说会红到如此地步。他惜时如金，越到暮年越觉得光阴似箭，一时一刻都不舍得耽误。他经常对写信或登门的读者表示歉意，劝他们别研究什么《围城》，或干脆答"无可奉告"。一位英国女士很欣赏《围城》，求见钱锺书。钱锺书在电话里跟人家讲："假如你吃了鸡蛋觉得不错，何必认识那下蛋的母鸡呢？"杨绛担心他冲撞人，又明白丈夫心思，便自愿当起"门神"：每有来客，必先由她接待；仔细了解对方来意后，她才喊钱锺书出来接待。

人生边缘

一

杨绛年轻时，曾听得母亲与父亲讨论谁先死的话题。母亲唐须嫈开着玩笑，坚持要走在杨荫杭后面。许多年过去，杨绛与钱锺书也走到了人生边缘，她也终于明白了母亲的一番苦心。

夫妻二人，爱得深的总想活得比爱人长一些。人世间的辛酸痛苦，独留一人的孤单，总不舍得交予爱人承担。

钱基博笃信命理，杨绛与钱锺书结婚时，他曾把儿子的命书郑重其事她交给儿媳。命书曰："父猪母鼠，妻小一岁，命中注定。"钱锺书便信了这命书。命书又说："六旬又八载，一去料不返，夕阳西下数已终。"照此说来，钱锺书活不过六十八岁。

钱锺书向来记不得自己生日。1978 年他刚好六十八岁，忽然问起杨绛："我哪年死？"杨绛随便哄他说："还有几年。"他便把这事忘了，又整整多活了二十年。

杨绛催促钱锺书把他的《诗存》选定："你我都已似风烛草露，应自定诗集，免得俗本传讹。"钱锺书深以为然。他改完诗，杨绛就为他抄下来。《槐聚诗存》整理完后，钱锺书很高兴，拉着杨绛的手说："你是最贤的妻，最才的女！"又开开心心对杨绛说："咱们就这样再同过十年。"杨绛想都未想，脱口而出："你好贪心啊！我没有看得那么远，三年五年就够长的了。"钱锺书听了，黯然伤神，默默退到起居室的躺椅里，不再作声。杨绛懊悔不已，总觉得是自己这话让钱锺书愁出了病。

其实她自责过了分。钱锺书与她年事已高，身体早就不似年轻时健康。杨绛常说："年纪大了，别看咱们外表挺结实，其实是红木家具。你知道红木家具吗？那是一种用胶水粘起来的家具，摆在那里挺好看的，就是不能搬动。"

1994 年，钱锺书发烧住院。医生查出他膀胱有癌变，切除手术中又发现他右肾萎缩坏死，便连同右肾一同摘掉。杨绛心里焦急，一步不离服侍左右，整整在医院住了五十多天。钱锺书病好出院，杨绛也摇摇晃晃快成纸做的了。

这次病愈不久，钱锺书又生病住院，先是感冒发烧，又发现膀胱癌，术后并发急性肾功能衰竭，抢救持续了好几天。钱锺书全身插满管子进行血液透析，杨绛陪在身边，焦虑不已。

从此，钱锺书只能住在医院里。由于药物治疗的副作用，他不能正常地说话，但头脑依然清晰。由于牙床萎缩，他无法咀嚼，只能鼻饲进食。所谓鼻饲，就是将各种食材用料理机搅拌成泥，加上骨头汤，用管子从鼻孔输送进胃。

杨绛尝过医院为病人提供的匀浆，发现有猪肝和豆粉的味道，便问医生："你不是说他不该吃豆粉吗？"医生有些不耐烦："你不怕烦，就自己做吧。"

杨绛是不舍得钱锺书受委屈的。从那之后，她每天上午到医院看他，下午回家做鼻饲匀浆。她做得很细致，鸡胸肉要剔得一根筋也没有。但她十分疲惫，曾给友人写信说："我实在太疲劳了，不得不要女儿代我送去，让我休息几天。但我女儿工作极忙，我又心疼我女儿。"实在累的时候，她也请过别人帮做菜泥。但鱼泥中不能有刺，小小的刺也可能堵住鼻饲管，她不放心别人做，定要亲自动手的。

可杨绛终究是八十岁的老人了，如此劳心劳力，她很快便觉得身体扛不住。亲朋好友甚至大夫都劝她回家休息，她不肯，说：“锺书在哪儿，哪儿就是我的家。”有次她身体实在受不住，就在医院为钱锺书寻了得力能干的护工，她暂且可以缓缓。

有次护工请假，杨绛便留在医院陪护。钱锺书见妻子晚上也能留下，开心地笑了。杨绛却笑不出来，因为要时刻留意丈夫身上的管子。管子插在身上难受，钱锺书睡着后，会不由自主去拔。杨绛为了按住他的手，一夜没睡，第二天瘫倒在病床边，经了抢救才缓过劲来。

钱锺书病到后期，说话越来越不清晰，气息也愈发弱了。杨绛心疼他，便不让他再说话。她拉着丈夫的手，娓娓讲述新近发生的趣事，或是追述二人往年的时光。大多数时候，他们都用无锡话交谈，有时也用英文。后来钱锺书听力渐差，杨绛就附在他耳边，轻声宽慰他。

二

父亲重病，钱瑗焦急万分。她从西石槽的婆家搬到三里河来住，周末才回婆家。每次见到爸爸妈妈，她都会兴冲冲分享新鲜见闻，逗爸爸妈妈开心。为了让二老有食欲，她一道菜要看三个菜谱，就是为了做几道时兴菜肴。她还专买了烤箱，精心为爸爸妈妈烤各种鲜嫩的肉，然后可怜巴巴地看他们吃。有时钱锺书勉力吃了点，或者杨绛虽没胃口，也吃了一些，钱瑗就会高兴得不得了，一个劲说：“谢谢爸爸！谢谢妈妈！”

但她工作实在太忙了，每周只能去医院一两次。她也没有足够多的时间陪在医院，每次去看爸爸，都要比妈妈早退一个小时。钱锺书很喜欢女儿陪，有时女儿早离开个几分钟，钱锺书就会生气说：“没到时间呢！”再过几分钟，他就挥挥手说：“走吧。”他不用看表，时间算得全然准，钱瑗因此经常喊爸爸“灵童”。

钱瑗是个有才情的人，自小就被祖父贴上了“钱家唯一读书种子”的标签。她多才多艺，不仅功课不用父母担心，还弹得一手好钢琴、画得一手好画。钱瑗像爸爸妈妈，刻苦、自律，对自己要求很严格；又像外公和祖父，刚正有骨气，热爱教书。她性格很好，大家都喜欢与她交朋友，所以她消息灵通。每次回家，她都把外面听来的“新闻”讲给爸爸妈妈，常令他们耳目一新。即便抛却女儿这个身份，钱锺书与杨绛也十分喜爱这个孩子。她晓得妈妈持家不易，待妈妈很温柔，非常听话；对待爸爸，则一直以“哥们儿”的方式相处。

钱瑗原学的是俄语，留校后也是在俄语系做教师，1966 年才改学英语。好在她家学渊厚，聪明勤奋，很快适应了英语的语言规律，转入英文系。1978 年“文化大革命”结束后，国家组织了第一次公派出国，钱瑗也参加了赴英国留学的选拔考试。她觉得自己没多大把握，因为别人都已经准备了一年多，她仅仅因为有人放弃名额才补上。但她还是通过了考试，还取得了挺不错的成绩。

9 月份，钱瑗按照留学计划，赴英国兰卡斯特大学读英国语言学。她适应得好，功课也长进得快。钱锺书与杨绛因有在英留学的经历，大有内容分享给钱瑗，一家人书信往来不断。那时寄到国外的信要由大使馆转接，一封信要走二三十天。每次钱瑗来信，老两口都抢着读。每逢看到钱瑗考试“超英（超过英国同学）”，学有所得，都很开心。

钱瑗原本只要在英国留学一年，后来延长到两年。爸爸妈妈心里矛盾，既想让她多学些，又不舍得女儿久离家。钱锺书更是怅然若失，终日惶惶，写信给朋友说："愚夫妇遂不免如美国话所谓'empty nest syndrome（空巢症）'矣。"

钱瑗长大后与爸爸妈妈彻底处成了朋友，除了生活上彼此照应，文章学术上也无话不谈。她很欣赏妈妈的文风，曾点评说："妈妈的散文像清茶，一道道加水，还是芳香沁人。爸爸的散文像是咖啡加洋酒，浓烈、刺激，喝完就完了。"从俄语改学英语后，钱瑗有时学得费力，一个词查五本词典都找不到，便向爸爸讨教。爸爸决不直接告诉她答案，只让她继续查。

1963年，钱瑗到大兴县礼贤公社"四清"，连过年都没回家过，次年四月份才回家。1965她年又到山西"四清"，次年五月份回家。她成绩斐然，由工作队党员介绍"火线入党"，成了"拉入党内的白尖子"。杨绛无法想象"四清"工作有多繁重，只知道她每次回家都要带回一身虱子。杨绛只好将女儿的衣服全部仔仔细细洗一遍。

"文化大革命"爆发后，因钱瑗是"拉入党内的白尖子"，哪个革命团体都不要她。但她也不能做"逍遥派"，便一人单干，自称"大海航行靠舵手"，哪派有理就赞助哪派，为此还相当受重视。为此，钱瑗在"文革"中，竟然好好生活了下来，没犯错误。

父母婚姻幸福，钱瑗的婚姻却很坎坷。志同道合的丈夫王德一在"文革"中自杀，她便有了陪父母终老、不再嫁人的念头。五年后，她才嫁给了杨伟成。钱瑗一生没有生育。杨伟成与前妻有一儿一女，她待这两个孩子比待亲生孩子还要好。为了与继子女有共同语言，她会找以往并不会看的电视剧来看。但她实在是忙，后来只有时间看内容简介。她待自己的婆婆很好。婆家大姐在香港得喉癌去世，一家人怕婆婆受打击，只敢一点一点告诉婆婆。钱瑗想尽一切办法，把消息委婉地透露给婆婆。婆婆总算没有晕倒，这全靠了钱瑗。

在爸爸妈妈家，她不像是孩子，反倒像家长。杨绛的三姐曾说："你们一家呀，圆圆头最大，锺书最小。"杨绛的姐姐妹妹都觉得对。钱瑗会照顾她，像姐姐；会陪她，像妹妹；会管她，像妈妈。钱瑗常说："我和爸爸最'哥们'，我们是妈妈的两个顽童，爸爸还不配做我的哥哥，只配做我的弟弟。"

钱瑗工作能力很强。杨绛曾对钱锺书感叹："她真是'强爹娘，胜祖宗'。你开会发言还能对付，我每逢开会需要发言，总吓得心怦怦跳，一句也不会说。阿圆呢，总有她独到的见解，也敢说。那几个会，她还是主持人。"

钱锺书只好叹气："咱们的圆圆是可造之才，可是……"

杨绛心里也是痛惜，她把阿圆看作自己的生平杰作，但这颗良好的"读书种子"并没有遇到适宜的土壤。抗战时，物质条件极差，钱瑗正长身体，但想吃顿肉都难。抗战结束，钱瑗还没过几天舒坦日子就得了骨结核，整个学龄期几乎都在病榻上度过。好不容易身体状态好转，钱瑗却赶上高中背粪桶、大学下厂下乡、毕业下放的时代。钱瑗总是在忙。爸爸妈妈的成分如此差劲，她竟还能入了党，可以想见她付出了何种努力。

可惜这粒"读书种子"，刚刚喘息着发了点芽，便被命运连根拔掉了。钱瑗的身体出现了问题，先是持续咳嗽，又是腰疼。同事们劝她去看病，她舍不得时间，在家里吃了点药了事。她向杨绛打趣，说自己腰疼是因坐公交车"闪"的。她每天背一个大包，从 13 路转 22 路，乘客都熟了。有人问："大妈，您什么时候退休啊，瞧您的大书包占一个人的位子。"其实钱瑗往来很少能坐着，都是站。杨绛听了，一点都没有觉得好笑，心疼极了。

1996 年春季，钱瑗的腰痛突然加剧。她瞒着母亲，向系里求助，系里将她“押送”到医院接受检查。这次，医生发现她脊椎发生病变，得了骨结核，不排除有癌细胞增生的可能；又经查，发现肺有问题。她转院到北京温泉胸科医院，经专家会诊，确诊肺癌晚期。此时她肺积水，癌细胞扩散，已经病入膏肓了。

许多人都说，钱瑗的病是生生累出来的。此话并不夸张。

钱瑗淡泊名利，可重视肩上的责任。因为学校人手不够，她这个博导除了负责研究生的课还开本科生的课。她住在城里，来往不便，所以课安排得集中，一周有两个上午要上四节课。四节连轴转是很累的。为了上好课，她像部队处于一级战备那样，精神亢奋而紧张。北京交通高峰时常堵车，为了不误课，钱瑗只好早起早走。但她劳累一天，回家之后还要备课、改卷子，总忙到深夜。杨绛总觉得她有改不完的卷子、备不完的课。一次因夜间工作起得晚了，她匆匆梳洗后出门，一路急走，赶到车站，盼车、挤车，总算到了学校，松了口气。可上教学楼的台阶时，她一低头，发现自己穿的皮鞋竟是一黄一黑。她只好请一位住校的老师赶紧回家把他夫人的鞋拿来借用。

除了教学，钱瑗做其他事也认真。钱锺书下放时将一本《韦氏英语大辞典》带在身边，从头到尾看了三遍，对每个词条都做了认真的审读和详尽的评注。几千页的辞典上，每一页他都用蝇头小楷密密麻麻写满了字，等于重新修订了这部辞书。钱瑗继承了钱锺书的学风。上海一高校编写的《英语精读课本》由钱瑗主审，她同样是逐字逐句，从头至尾反复读了几遍，不少书页上也留下了密密麻麻的字迹。

她的头衔并不少：中英合作项目负责人，英国《语言与文学》编委，全国高校外语专业指导委员会和北师大学术委员会、学位委员会的委员。这些头衔像枷锁，捆得她动弹不得。偏偏她又是个实心眼，做什么事都认真。她是职称评定评审委员会的成员，每年每到评职称时，她便会将全国各地提交的论文和专著一篇篇、一本本地读完，工作量可想而知。有次她发现一篇外省学校提交的论文似曾相识，疑似抄袭。但事关重大，钱瑗不想马虎，便凭印象找来原书，通读全文，将涉及抄袭的内容一一列出，并附上书目和页码。事后该校寄来了感谢信，肯定了钱瑗所有的努力。

对本不属于自己的事，钱瑗也热心帮忙。她发现外语系资料室的管理员勤奋好学，还抽时间旁听大学课程，便主动为他批改作业，指导他读书。这一指导就是几年，从不间断。终于，这位有志青年以同等学力考上了民族大学的研究生。

钱瑗没有野心，只想做一名"尖兵"。这名尖兵身负重担，学校曾评估她的工作量是百分之二百，但杨绛认为远不止这个数。她就像一架上紧发条的机器，已经松不下来了。

医生担心钱瑗的身体，没告诉她病情，只告诉了她的丈夫杨伟成。杨绛此时有另一个病人要照顾，自己也是风烛残年，大家便也没将实情告诉她，只说是钱瑗童年得的骨结核复发了。钱瑗病倒，母亲杨绛几乎也跟着病倒了。她既心疼女儿，又要分身照顾两个病人。钱瑗住的北京胸科医院远在西山脚下，钱锺书住的北京医院则在北京市中心，杨绛在两医院间往返，需要穿过大半个北京城。

钱瑗入院时，脊柱已经被严重破坏，需要完全卧床。好在她的护工刘阿姨做事可靠，替钱瑗家减去很多负担。刘阿姨叫钱瑗"钱教授"，钱瑗不答应，让她喊"钱老师"，后来干脆直接喊"钱瑗"。她们相处得很好。

住了院的钱瑗依然闲不住。她一边打点滴，一边看书、写信、工作，忙着指导博士生，给学生修改论文、批作业，还不忘写文章。躺着写字困难，刘阿姨便替她扶着纸，让她把力气全放在右手上，但她还是写一会儿就手酸。

钱瑗的朋友和学生们听说钱瑗病了，从四面八方赶过来看她。她的小单人病房里总是充满鲜花和笑声。杨绛每次来，看到女儿屋子里都是花，很漂亮，但女儿的气色却是一天比一天差了。她们说不上话，往往医生一来，杨绛就需要退出去。

钱瑗的身体越来越虚弱，头发也掉光了。她笑着对同事说："我现在是尼姑了！"同事也笑："是个很漂亮的尼姑呢！"她的肺功能逐渐衰退，只能靠吸氧维持生命；因长期平躺不能翻身，她背上的褥疮已经溃烂。她全身可供注射的静脉几乎都已经扎烂，只好在肩胛骨开个小口输液。她不肯让妈妈去看她，怕妈妈看了她的样子伤心，也怕妈妈来回奔波受累。

她有力气的时候，便会与妈妈通电话，电话里依然是新鲜事满满，还常向妈妈索磁带、书籍。她惦记爸爸，有什么趣事就会告诉妈妈，请妈妈传给爸爸。

杨绛起初并不晓得钱瑗的病情，只道是骨结核，对钱锺书也称是圆圆得了骨结核，是幼时的病复发了。后来杨绛已然觉察到不对，却还是不敢跟丈夫讲实情，瞒着丈夫说女儿的骨结核很严重，需要一年或者八个月才好，还可能切除坏骨。钱锺书说："坏事变好事，从此可以卸下校方重担了。以后也有理由可推脱不干了。"

1996 年 11 月 3 日，医院给钱瑗下了病危通知书，嘱咐家属准备后事。杨伟成想通知杨绛，又怕岳母撑不住，便带了医生同去。

杨绛听过消息，竟然出乎意料的平静。她没有中风，血压也没有升高。待女婿走后，家里只剩她孤零零一个人。她仿佛清晰地听到心在滴血的声音。

杨绛晓得钱锺书痊愈希望渺茫，只愿与钱瑗相依为命，未料白发人送黑发人。丈夫与女儿，她都要失去了。

就在钱瑗报病危通知八天后，钱锺书忽然大喊“阿圆”。杨绛问他，他便对杨绛说：“叫小王送阿圆回去。”杨绛问：“回三里河？”钱锺书摇头。杨绛又问：“西石槽？”钱锺书沉默一会儿说：“究竟也不是她的家，叫她回自己家里去。”杨绛答应丈夫转告阿圆。从此，钱锺书梦里只喊季康、绛或者娘，不再喊阿圆，也绝不问阿圆的病情。

钱瑗自知来日无多，给妈妈打电话时说：“娘，你从前有个女儿，现在她没用了。”杨绛心如刀绞。

1997年3月3日，杨绛去北京温泉胸科医院看钱瑗。阿圆看见她，拉着她的手。杨绛说：“安心睡觉，我和爸爸都祝你睡好。”钱瑗笑了，像鲜花似的美。她闭了会儿眼，忽然说：“我有一个秘密！”杨绛与杨伟成都没问那是什么秘密。那天杨绛带了阿圆最喜欢的衣服，交给了刘阿姨。

3月4日上午，杨伟成带了杨绛去看钱瑗，钱瑗未开口，也未睁眼。中午，杨伟成送了杨绛回去。下午，北大的陶洁和北外的吴冰去看她。吴冰说：“钱瑗，我和陶洁看你来了。”钱瑗听到陶洁的声音，忽然睁开眼睛，四下看看，目光很清澈，很平静。此时她的低压已经量不到了。医生让吴冰她们回去，陶洁说：“钱瑗，我走了，你好好休息。”钱瑗居然还点了点头。下午五时，钱瑗安睡着去了。她终于能休息了。

3月8日钱瑗火化。她曾留下遗嘱说不留骨灰，但北师大的师生舍不得，就把她的一部分骨灰带回学校，埋在一棵雪松树下。杨绛实在想女儿，就悄悄来到学校，在雪松旁边坐一坐。她怕麻烦北师大的师生们，一有人来，便赶忙悄悄地走开。她也知道，阿圆并不在那里。

三

钱锺书让阿圆回她自己家去之后，便再也不肯听钱瑗的消息。杨绛为了给他宽心，哄他说圆圆穿着钢丝背心方能坐起。妻子编得有模有样，钱锺书信了，又肯听她说女儿的故事了。

钱瑗去世几个月后，钱锺书的身体有些好转。杨绛想趁他状态好，将女儿去世的消息告诉他。她用了整整一个星期，一点一点向钱锺书渗透“圆圆现在没病了”“她没痰了”“她不咳嗽了，能安眠了”。钱锺书明白了杨绛的意思。但第七天，当杨绛真的说出“她已去了”时，钱锺书的手还是变烫了。

杨绛安慰他道：“阿必也是3月4日去世，8日火化。”钱锺书点点头，喃喃自语道：“必阿姨接了圆圆去了。”

除了二姐，杨绛的八妹杨必是几个姐妹中去世最早的。她去世时，七妹杨黍曾预言她们姐妹“从小至为大”。果然，杨黍是第二个去世的。三姐闰康病重时，杨绛说：“她在等我先走呢。”钱锺书忙说：“瞎说，还有我呐！”钱锺书最后一次住院那年，三姐和大姐相继去世，只剩杨绛一人。

随后，往日的同事和朋友夏衍、周扬、胡乔木一一去世。

杨绛此时经受着精神与身体的双重折磨，全凭意念活着。她觉得，论照顾人，男不如女，她要争取“夫在前，妻在后”，只想比钱锺书多活一年。

杨绛的判断是正确的。无论是在早年间还是生病时，钱锺书从杨绛这里汲取的，有很多是母爱的成分。杨绛善于编织，全家的毛衣、毛裤、背心都是她织的。有次杨绛要扔掉一件她为钱锺书织的旧毛衣，钱锺书双手抱住毛衣不肯撒手，说：“慈母手中线。”杨绛事后自己也说："我待锺书，慈母的成分很多。他从小嗣出，没慈母。伯伯对他好，究竟是男人。这对他性格的形成，很有关系。"

杨绛以为，保存手稿最好的方法就是出版。此前她已经帮钱锺书整理了 1938 年他与陈石遗老先生的谈诗录，取名为《石语》出版。钱锺书原本是不愿意出全集的，三联书店一再请求，他只好同意。杨绛边照顾他，边帮他审稿。钱锺书病重，无力撰写书序，出版社便请杨绛代写。杨绛以眷属的身份写了《钱锺书对〈钱锺书集〉的态度》，是为代序。《钱锺书集》出版前，她将这篇序交给朋友们看了又看，慎之又慎。其间，因为《围城》的版权问题，杨绛还要代钱锺书打官司。她支撑着八十多岁的身躯，四处奔走，只求个公正。

钱锺书的身体每况愈下。自从听说女儿去世，他的病情急速恶化。他开始还能与妻子说说话，后来无力说话，就捏捏杨绛的手，再到后来，只能用眼神传递爱意了。

还能说话的时候，钱锺书交代杨绛，他死后不设灵堂，不留骨灰，恳辞花篮，不举行告别仪式，不开追悼会。杨绛为难："我自己，这样办得到。你嘛，就很难说了。"钱锺书说："那就要看我身后的人咯。"

1998 年底，钱锺书摇摇欲坠，身体再也支撑不住。他总是迷糊，说梦话。在一次短暂的清醒间隙，他望着妻子，说："绛，好好里（好好生活）。"这是他对杨绛说的最后一句话。

12 月 19 日凌晨，医生感到钱锺书情况不好，马上通知了家属。杨绛赶到时，钱锺书已经合了眼。杨绛看他有一只眼没合好，走上前去帮他合上。她拉起丈夫的手，还能感觉到温度，便附在他耳边说："你放心，有我呐！"

钱锺书走了。

中国社会科学院的领导听说后，第一时间赶来看他们。杨绛再三请求院长李铁映：钱锺书临终前要求不进行遗体告别，不开追悼会，不留骨灰，请组织一定答应他，不然她会一直求。杨绛语气很坚决，一直说到电梯口。李铁映没有作声，只说："你给我出难题了，这事我做不了主。"

那晚，她接到了江泽民同志的慰问电话。他对钱先生的逝世表示哀悼，希望杨绛先生节哀保重。电话最后，江泽民同志说："杨绛同志，非常佩服你们，你们是真正的唯物主义者，中央同意不举行仪式。"

钱锺书火化那天，杨绛只让几个亲友去送。钱锺书穿着中山装，里面穿的是她亲手织的毛衣毛裤，身上盖着白布单。杨绛在他身上撒了些花瓣，陪他一路走到火化炉前，久久不肯离去。她掀开盖在丈夫脸上的白布，轻轻抚着他的脸，又帮他摘下眼镜，平静地看着他在火中化为灰烬。

没有人知道，那时杨绛在想什么。是清华园的四目相望？是他们热闹的婚礼？是钱瑗出生时他笨拙为她熬鸡汤的样子？还是他总握着她的那双手？钱锺书没有食言，正如抗战时他承诺的那样，他们只有死别，不再生离。

按照丈夫的遗愿，杨绛没有领回他的骨灰，只将他就近抛撒在北京的荒野中。

世间好物不坚牢，彩云易散琉璃脆。"我们仨"，从此失散了。

即便杨绛尽力以最简单的方式处理了丈夫的身后事，钱锺书去世的消息还是很快传开，世界各地的吊唁信如雪片般飞来。人们悲痛、哀伤、惋惜。或许，杨绛并不想如此惊扰世界；又或许，杨绛能从这些安慰中获得一丝丝慰藉吧。

打扫战场

一

钱锺书去世后，杨绛不再喜欢出门，也闭门谢客。她要“打扫战场”，做完丈夫与女儿未完的工作。这些年来，钱锺书的手稿一直随他们颠沛流离，被箱子、麻袋、枕套装过，去过干面胡同、干校和三里河。它们也上了年纪，磨损的磨损，残破的残破。杨绛依然珍爱它们。她把零散的手稿收集起来，将残破的手稿一张一张拼贴好，整理好后陆续交付出版。她笑称自己是“钱办主任”，说这是她晚年最牵挂的事。有了这位“主任”，读者们便可以在钱先生去世后，仍能持续读到钱先生的“新作”。但她自认为来日无多，怕自己来不及做完这些工作，常常因焦虑而失眠。

钱锺书读书向来有做笔记的习惯，他读书不止读一遍，还会两遍三遍地读，笔记也会一再增补，因此笔记的质量很高。他深信“书非借不能读也”，借来的书，做完笔记便归还了；买来的书，做完笔记就随手送人了，因此他们家并没有很多藏书，倒是留了许多笔记。因此，整理钱锺书笔记就成了杨绛一项重要的工作。中、英、法文的笔记，杨绛是读得懂的。德文、意大利文和拉丁文，她并不懂。翻译《围城》的德国汉学家莫宜佳博士自告奋勇，整理了钱锺书全部的外文笔记。杨绛与她结下了深厚的友谊。

钱锺书去世二十年间，杨绛大约整理了钱锺书的外文笔记一百七十八册，三万四千页，中文笔记数量大致与此相当；另有“日札”二十三册，两千余页。这些笔记整合在一起，足足有四十余卷。钱锺书惜时如金的一生，都在这一卷卷笔记中凝结成晶。

杨绛热爱的翻译和写作也仍在继续。2000年，杨绛翻译的《斐多》出版。《斐多》又作《裴多》，是古希腊哲学家柏拉图的作品，记述他的老师苏格拉底就义前与朋友讨论正义与不朽的对话。苏格拉底极擅长辩论与演讲，他的哲学思想全部蕴藏于与朋友的对话中。朋友与学生们撰写的谈话录，便成了研究苏格拉底哲学的第一手资料。杨绛翻译的《斐多》，并无一般哲学著作的晦涩难懂，读者读时，就像在聆听好朋友间的谈话。她曾在后记中讲道：“我是按照自己翻译的惯例，一句句死盯着原文而力求通达流畅。苏格拉底和朋友们的谈论，该是随常的谈话而不是哲学论文或者座谈会上的讲稿，所以我尽量避免学术语，努力把这篇盛称有戏剧性的对话译成如实的对话。”

她曾与傅雷探讨外国文学中音译的名字，表示讨厌翻译的名字佶屈聱牙，想把名字一概中国化。傅雷当时表示此事不可，但两人未来得及仔细研究这个问题，傅雷便去世了。在《斐多》中，杨绛终于有机会实践了这个创新。她在《前言》中说：“人名地名等除了个别几个字可翻译，一般只能音译。一个名字往往需要许多字，这一长串毫无意义的字并不能拼出原字的正确音，只添加译文的涩滞，所以我大胆尽量简化了。不过每个名字不论简化与否，最初出现时都附有原译的英文译名。”这样既增加了阅读舒适度，又确保了译文的严谨。

在《斐多》中，哲人们送别朋友与恩师。此时的杨绛，刚刚失去女儿与丈夫，心中同样充溢着离别悲情。甚至可以想象，杨绛叩问命运质问生死时，苏格拉底的智慧让她相信灵魂摆脱肉体束缚后的自由。她能孤独度过最哀伤的日子，或许有《斐多》陪伴与开释的作用吧。

但她止不住思念，想钱锺书，想钱瑗，终于不堪其扰，动手写了《我们仨》。其实他们一家三口早就有意写这本书，还分好工：钱瑗写父母，杨绛写父女俩，钱锺书写母女俩。但他们仨都忙，这个愿望一直被搁置。钱瑗病中想起这事，自知来日无多，便请求妈妈把《我们仨》的题目让给她写，她要把和父母一起生活的点点滴滴写下来。她写的第一篇文章是《爸爸陪我玩》，又陆陆续续写了五篇，直到不能进食还在写。杨绛看了心疼，劝她停一停。这一停，钱瑗再没能重新拿起笔。

平日里杨绛都是一副坚强模样，她不示弱，也不怎么掉眼泪。从钱锺书去世到火化，她一直没有哭，她说钱锺书不喜欢别人哭他。在《我们仨》里，她终于找到出口，释放自己的脆弱与无助。

《我们仨》像是写了一个梦，梦里亦真亦假，像受到重大打击的人轻飘飘的精神状态，又充满了隐喻。《我们仨》分三个部分，分别是《我们俩老了》《我们仨走散了》《我一个人思念我们仨》。《我们俩老了》便是第一个梦。在梦里，钱锺书本与她一道走，忽然就不见了，任凭她怎么找都不找到。她很慌，觉得自己被抛弃了，又急又怕地醒过来，发现钱锺书就在她身边安睡。她怪丈夫在梦里丢下她一个人，钱锺书也不辩解，只说那是老年人常做的梦，他也会做。第一部分就这样结束了。但写到这里的杨绛，会不会希望这几年发生的事就是一场梦，醒来后钱锺书依然在身边呢？

第二部分则是又长又痛苦的梦。梦里，她回到了钱锺书八十四岁那年。原本好好在家与女儿嬉闹的钱锺书，忽而就被来路不明的车接走了。等找到他时，他变成了只能躺在铺着白床单的床上的病人。他的床在一艘小船上，船停在河中，码头杨柳依依。杨绛找了间旅店，每天都到船上去看他。钱瑗有时也来，拉着他的手，陪他聊天。忽然有一天，钱瑗对她说，妈妈我的腰很疼，我要走了。忽然又一天，钱锺书的船也不知去哪里了。

这大概是杨绛最痛苦时刻的隐喻。钱锺书八十四岁那年住院，从此再没回家。对杨绛而言，有钱锺书的地方才是家，钱锺书不在，家也就成了旅馆。钱锺书登上小船之日，就是躺上病榻之时：他随时都会漂走，去向她寻不到的地方。

外人很难想象，年近九十岁的杨绛，独自奔波于医院之间，既要承担照顾病人的劳作，又要忍受失去爱女的伤痛，中间经历了怎样的折磨。大概是痛到极致的人，才会把刺穿她灵魂的苦痛，全然幻化成梦吧。

第三部分则摆脱了梦境，回忆起他们仨在一起的往事，成为实打实的生活。大概重温那些美好的往事时，杨绛才是真真切切地活着。她从赴英留学开始讲起，那是她与钱锺书新婚甜蜜的时刻。她的文字随着时光流淌，一直到他们三人舞台剧的落幕。

2003 年，《我们仨》出版了。文字如杨绛以往的风格，平淡中蕴藏着无限深情。人读罢想要流泪，却不能放纵悲伤，只好长久地回味、遐想。杨绛在书后附了钱瑗病中写的五篇文章，算是帮女儿实现了心愿。

《我们仨》让无数读者动容，获得了那年十大好书（中文创作类）第一名。同年，中华文学人物的评选结果揭晓，杨绛全票获得“文学女士”称号，获得“文学先生”称号的是巴金。评委会主任、中国作家协会副主席张炯说，“文学先生”与“文学女士”的称号是对作家全面的考量，除了文学成就，对其人品的评判也是必不可少的指标。

2004 年，人民文学出版社推出了《杨绛文集》，包含她的主要创作和翻译作品。这是迄今汇集杨绛先生作品以及图片最为完整的作品集。杨绛为这部作品集作了序，总结了自己的创作生命：

我不是专业作家；文集里的全部作品都是随遇而作。我只是一个业余作者。

早年的几篇散文和小说，是我在清华上学时课堂上的作业，或在牛津进修时的读书偶得。回国后在沦陷的上海生活，迫于生计，为家中柴米油盐，写了几个剧本。

抗日战争胜利后，我先在上海当教师；解放战争胜利后，我在清华大学当教师，业余写短篇小说和散文，偶尔翻译。“洗澡”（知识分子改造）运动后，我调入文学研究所做研究工作，就写学术论文；写论文屡犯错误，就做翻译工作，附带写小量必要的论文。翻译工作勤查字典，伤目力，我为了保养眼睛，就“闭着眼睛工作”，写短篇小说。一九七九年社科院近代史所因我父亲是反清革命运动的“人物之一”，嘱我写文章讲讲我父亲的某些观点。我写了《一份资料》。胡乔木同志调去审阅后，建议我将题目改为《回忆我的父亲》；我随后又写了另一篇回忆。我又曾记过钱的往事，但不是我的回忆而是他本人的回忆。我就在研究和写学术论文的同时，兼写小说和散文，还写了一部长篇小说。一九八七年退休后，我就随意写文章。钱去世后，我整理他的遗稿，又翻译了一部作品，随事即兴，又写了长长短短各式各样的散文十来篇。

全部文章，经整理，去掉了一部分，把留下的部分粗粗分门别类。一半是翻译，一半是创作。创作包括戏剧、小说和散文。散文又有抒情、写意、记事、记人、论学、评书等。文章既是“随遇而作”，按时期编排较为方便。

不及格的作品，改不好的作品，全部删弃。文章扬人之恶，也删。因为可恶的行为固然应该“鸣鼓而攻”，但一经揭发，当事者反复掩饰，足证“羞恶之心，人皆有之”；我待人还当谨守忠恕之道。被逼而写的文章，尽管句句都是大实话，也删。有“一得”可取，虽属小文，我也留下了。

我当初选读文科，是有志遍读中外好小说，悟得创作小说的艺术，并助我写出好小说。但我年近八十，才写出一部不够长的长篇小说；年过八十，毁去了已写成的二十章长篇小说，决意不写小说。

至于创作小说的艺术，虽然我读过的小说不算少，却未敢写出正式文章，只在学术论文里，谈到些零星的心得。

我写的小说，除了第一篇清华作业，有两个人物是现成的，末一篇短篇小说里，也有一个人物是现成的，可对号入座，其余各篇的人物和故事，纯属虚构，不抄袭任何真人实事。曾推许我写小说能无中生有。的确，我写的小说，各色人物都由我头脑里孕育出来，故事由人物自然构成。有几个短篇我曾再三改写。

她一直对钱瑗坎坷的人生“意难平”，惋惜又自责。钱瑗像一个符号，代表了一代人并不顺遂的命运，引来许多人的共鸣。钱瑗周围的亲朋好友亦有此感。2005 年，杨绛与钱瑗继子、继女、师长学生、同事好友合著的《我们的钱瑗》出版。在书中，人们不仅能看到钱瑗，似乎也能看到千千万万善良勤劳的人在时代的挤压与波澜中求生与放逐。

2007 年，《走到人生边上——自问自答》出版了。这本书分两部分：第一部分写这位年近百岁的老人对生老病死的思考、对人本质的探索、对命运的追问与体悟，第二部分则是对钱锺书之前的著作《写在人生边上》中一些问题的注释。

这是杨绛在世时出版的最后一本书。但此后她一直没有停止写作。

杨绛晚年的创作，大多是“向内的”精神探索，或回归往昔，或深入灵魂。周国平评价她晚年的文章时说：“这位可敬可爱的老人，我分明看见她在细心地为她的灵魂清点行囊，为了让这颗灵魂带着全部最宝贵的收获平静地上路。”

二

北京三里河那一带的寓所，只有一户没封阳台，那便是杨绛家。她与钱锺书都喜欢看窗外的一片蓝天，钱锺书走后，她一直保留着这个爱好。

寓所的房间依然是光秃秃的地板配白灰墙，朴素、干净；墙壁上挂着“二分湖水三分竹，九日春阴一日晴”的对联；客厅也是以前那个样子，家具也没有搬动；墙壁上挂着“我们仨”的合影，钱锺书与钱瑗都笑盈盈的，好像都还在，只是出远门去了。

但杨绛此时是一个人。她与阿姨一同住，帮忙整理钱锺书笔记的莫宜佳也常在。三人吃饭时就聚在一起，开开心心聊天，饭后就各自做各自的工作。失去了挚爱的杨绛，展现在人面前的样子依然优雅、从容，没有颓态。她一辈子整齐干净，哪怕过了一百岁也是如此，总是穿着利落，清清爽爽。

钱锺书的堂弟钱锺鲁的妻子陈霞清常去看她。陈霞清每次去前都要与阿姨约定见面时间，因为堂嫂要打扮好后才见人。陈霞清很佩服堂嫂，因为她穿的衣服全是半新不旧的，但特别有气派。看来“腹有诗书气自华”是有道理的，人的精气神在骨不在皮，更不在裹着肉身的那层衣服里。

钱锺书去世后，费孝通放心不下杨绛，去看过她。年轻时神采飞扬的两个人，现在都已白发苍苍。几十年白云苍狗，如弹指一瞬，又像是一场梦。费孝通没忘记他们相伴读书的日子，杨绛虽也珍惜，但从不后悔自己的选择。杨绛与他叙话，送他出门，对他说：“楼梯不好走，你以后就不要知难而上了。”

她记得钱锺书对她的嘱咐，一直好好生活。晚年间，她吃得很清淡，常买大棒骨来熬汤，用汤煮木耳吃。她睡眠不好，在最悲伤的日子里，常需借助大把大把的安眠药才能睡着。后来她适应了睡得少的生活，每天凌晨一点半睡，早上六点半就起了。

她坚持锻炼身体，每天不仅要练大雁功，还要走路。她手里握上七支铅笔，在房间里来回走，每走一千步就放下一支铅笔，直到把七支铅笔全放下为止。天气好的时候，她也会下楼散散步。邻居见她身体硬朗，说她能活到一百二十岁。她笑着摇摇头说：“不，那样太苦了。”

2001 年 7 月，杨绛九十岁生日。她不想张扬，就在清华校园招待所里住了一周，每天在校园里转转，散散步。其间，她只与很少几个亲友在一起吃了面条和一个小蛋糕。她坚持自己花钱，说自己生日，要请大家吃饭。

同年 9 月，她又回到挚爱的清华，宣布把钱锺书与她全部的稿酬版税，包括今后的版税捐赠给清华大学，设立“好读书”奖励基金，扶助那些好读书且能好好读书的贫寒子弟顺利完成学业。当年上半年，他们的稿费就达到七十二万元，杨绛悉数捐出。

捐赠会上，她的善举引来一片喝彩。清华大学的代表将印有“功存教育，义声长孚”的荣誉证书颁给了这位九十岁的老先生。杨绛起身讲话：“这次是我一个人代表三个人说话，代表我自己、已经去世的钱锺书和女儿钱瑗。期望得奖学金的学生，永记‘自强不息，厚德载物’的清华校训，起于自强不息，终于厚德载物，一生努力实践之。”讲话最后，杨绛先生说：“谢谢清华大学帮助我实现了我们一家三口人的心愿。”

2011 年，她过百岁生日。大家无论如何也想帮她庆祝，她只温和地说：“天太热，你们在家替我吃一碗寿面，别麻烦大家了。”

朋友们建议她借百岁生日，与读者做一次交流。她考虑过后，选择接受《文汇报》的笔谈专访请求。在这次笔谈中，她谈到家庭对自己的教育，谈到钱锺书，谈到翻译和写作，谈到隐忍与信仰。整个谈话充满了百岁老人的智慧与大度，却无半分暮气。在笔谈结尾，杨绛说：“我今年一百岁，已经走到了人生的边缘，我无法确知自己还能往前走多远，寿命是不由自主的，但我很清楚我很快‘回家’了。我得洗净这一百年沾污的污秽回家。我没有‘登泰山而小天下’之感，只在自己的小天地里过平静的生活。”

2013 年，已经一百零二岁的杨绛又打起了官司，这次是因钱锺书手信拍卖案。5 月份，有媒体报道，一批总量逾百件的钱锺书、杨绛信札手稿藏品，将于 6 月 22 日在北京中贸圣佳国际拍卖有限公司拍卖。

这家公司拍卖的藏品包括六十六封钱锺书书信和《也是集》手稿、十二封杨绛书信和《干校六记》手稿、六封钱瑗书信等，主体是钱锺书二十世纪八十年代与时任香港《广角镜》杂志社总编辑李国强的书信往来，其中涉及不少对历史和学人的评判。

获悉此消息后，杨绛立即给李国强打去电话质问："我当初给你书稿，只是留作纪念。通信往来是私人之间的事，你为什么要把它们公开？"

杨绛随后又发出声明，坚决反对拍卖，称如果拍卖如期进行，她将诉诸法律。北京中贸圣佳国际拍卖有限公司被迫停止了拍卖。杨绛以侵害著作权、个人隐私权为由，将该公司告上法院。

2014 年 2 月，北京二中院判决中贸圣佳公司停止侵害涉案书信手稿著作权行为，赔偿十万元经济损失；中贸圣佳公司、李国强停止侵害隐私权的行为，共支付十万元精神损害抚慰金；就其涉案侵权行为向杨绛先生公开赔礼道歉。

杨绛维权初胜，但被告中贸圣佳公司不服一审判决，向北京市高级人民法院提起上诉。2014 年 4 月，北京市高级人民法院驳回了被告请求，做出了维持原判的决定。

一百多岁的杨绛，再次讨回了公道。

三

杨绛的听力越来越差了。朋友和晚辈们来拜访她，谈的话她一句都听不见。后来他们想了主意，每次来看杨老都带纸笔，争取与她笔谈。杨绛听力不好，头脑却是清晰。她总是笑眯眯的，温柔地写下一行又一行字。有次他们谈得精彩，一个晚辈就想将笔谈用的笔记本要回去做纪念，杨绛紧紧抱着笔记本，笑哈哈地说："不给，这是我的！"仿佛像个孩子。

就在大家期待杨绛可以一直这样过下去，至少活到一百一十岁时，杨绛的身体出现了问题。

早在钱锺书生病时，杨绛便觉得消化不好，头晕，晕的时候天旋地转，不能睁眼，不能吃东西，不能动，只能闭目休息。她对钱锺书说，她觉得自己像一杯水，杯子在旋转，水就随着旋转，坐着不觉得，走路如同踩着云雾，飘飘浮浮。一旦有汽车来，她就随风欲倒，她要马上揪着钱锺书。钱锺书也不知道这是什么道理。后来经过检查，杨绛才知道自己得了冠心病，左心室肥厚，主动脉硬化，还有高血压。

2011 年，她被查出心力衰竭，但她并不怎么在意。钱瑗和钱锺书走后，她活得节制，却一直“视死如归”。至于自己的生命，她已然觉得圆满，再无遗憾。

2016年5月25日凌晨1时10分，杨绛睡去了，终年一百零五岁。

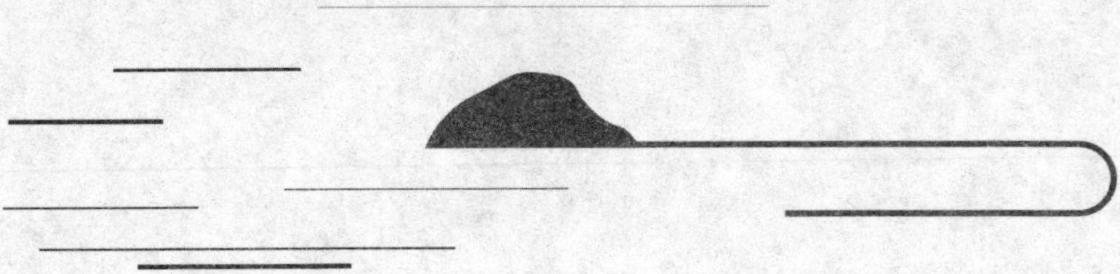

附录

杨绛年谱简编

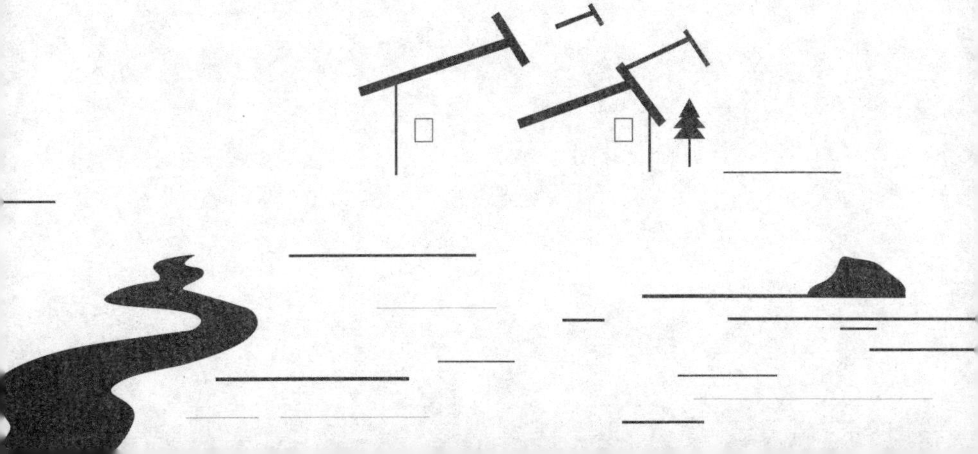

1911年7月17日生于北京。

1913年　两岁　父亲杨荫杭任江苏高等审判厅厅长，举家迁回无锡。

1914年　三岁　父亲杨荫杭调任浙江高等审判厅厅长，举家迁往杭州。

1915年　四岁　父亲调任北京高等检察厅厅长，举家迁往北京，入贝满幼儿园。

1917年　六岁　入学女师大附属小学。同年，二姐杨同康于上海广慈医院病亡，年仅15岁。

1919年　八岁　父亲辞职南归，举家迁回无锡。入大王庙小学就读。

1920年　九岁　入上海启明学校就读。

1923年　十二岁　父亲于苏州开办律师事务所，举家迁往苏州，购“安徐堂”住宅。入振华女中读书。

1928年　十七岁　考入东吴大学。

1932年　二十一岁　赴清华大学借读，结识钱锺书。同年任上海工部局华德路小学教师。

1933年　二十二岁　考取清华研究院。与钱锺书订婚。

1935年　二十四岁　与钱锺书举行婚礼。赴英留学。

1936年　二十五岁　于法国巴黎大学注册入学。

1937年　二十六岁　5月19日，钱瑗出生。11月17日，母亲唐须嫈去世。

1938年　二十七岁　与钱锺书、钱瑗一道回国，居上海。

1939年　二十八岁　任振华女校校长。

1942年　三十一岁　任工部局半日小学代课教员，开始创作剧本。

1943年　三十二岁《称心如意》上演，启用笔名“杨绛”。

1944年　三十三岁《弄假成真》上演，《称心如意》出版。

1945年　三十四岁《弄假成真》出版。3月27日，父亲杨荫杭去世。

1947年　三十六岁《风絮》出版。钱锺书《围城》出版。钱瑗患骨结核。

1949年　三十八岁　赴清华大学任兼职教授。与钱锺书、钱瑗迁往北京。

1950年　三十九岁　译作《小癞子》出版。

1952年　四十一岁　调入文学研究所外文组。搬入新北大宿舍中关园26号。

1954年　四十三岁《吉尔·布拉斯》在《世界文学》分期刊出。

1958年　四十七岁　下乡学习。

1966年　五十五岁　在“文化大革命”中被揪出，负责打扫外文所厕所。

1967年　五十六岁　钱瑗与王德一结婚。

1970年　五十九岁　下放干校。王德一自杀身亡。

1972 年　六十一岁　与钱锺书一道返回北京。

1974 年　六十三岁　钱瑗与杨伟成结婚。

1978 年　六十七岁　译作《堂吉诃德》出版。

1979 年　六十八岁　随代表团访问法国。《春泥集》出版。

1981 年　七十岁　《倒影集》《干校六记》出版。

1983 年　七十二岁　《喜剧二种》出版。随代表团访问西班牙。

1986 年　七十五岁　获西班牙国王颁发的“智慧国王阿方索十世十字勋章”。重译版《小癞子》出版。

1987 年　七十六岁《将饮茶》、校订版《堂吉诃德》出版。同年 4 月退休。

1988 年　七十七岁《洗澡》出版。

1990 年　七十九岁　钱锺书《围城》改编的电视剧上映。

1994 年　八十三岁《杂忆与杂写》《杨绛作品集》《杨绛散文》出版。

1997 年　八十六岁　3 月 4 日，钱瑗去世，终年六十岁。

1998 年　八十七岁　12 月 19 日，钱锺书去世，享年八十八岁。

2000 年　八十九岁《从丙午到流亡》，译作《斐多》出版。

2001 年　九十岁　设清华大学“好读书”奖学金。

2003 年　九十二岁《杨绛作品集》《我们仨》出版。

2007 年　九十六岁《走到人生边上——自问自答》出版。

2016 年　一百零五岁　5 月 25 日，病逝于北京协和医院，享年一百零五岁。

图书在版编目（CIP）数据

杨绛传 / 李雪著 . -- 南京 : 江苏凤凰文艺出版社，2021.5

ISBN 978-7-5594-4864-4

Ⅰ . ①杨… Ⅱ . ①李… Ⅲ . ①杨绛（1911–2016）– 传记 Ⅳ . ① K825.6

中国版本图书馆 CIP 数据核字 (2020) 第 080131 号

杨绛传

李雪 著

责任编辑 王昕宁

特约编辑 向 敏 夏君仪

装帧设计 卷帙设计

责任印制 刘 巍

出版发行 江苏凤凰文艺出版社

南京市中央路 165 号，邮编：210009

网 址 http://www.jswenyi.com

印 刷 北京永顺兴望印刷厂

开 本 880 毫米 ×1230 毫米 1/32

印 张 7

字 数 170 千字

版 次 2021 年 5 月第 1 版

印 次 2021 年 5 月第 1 次印刷

书 号 ISBN 978-7-5594-4864-4

定 价 39.80 元

江苏凤凰文艺版图书凡印刷、装订错误，可向出版社调换，联系电话 025-83280257